Willst Du Dich wertvoll
fühlen, so umgebe Dich nur
mit wertvollen Dingen.

Ab jetzt will ich nur noch,
was mir richtig guttut
und einen wahren Wert
für mich hat!

Impressum

Bibliografische Information der Deutschen Nationalbibliothek
Die Deutsche Nationalbibliothek verzeichnet diese Publikation
in der Deutschen Nationalbibliografie; detaillierte bibliografische
Daten sind im Internet über http://dnb.d-nb.de abrufbar.

ISBN 978-3-8319-0748-9

© Ellert & Richter Verlag GmbH, Hamburg 2019
2. Auflage 2019

Text: Daniela Gisin und Axel Krumsick, Herrliberg (Zürich)
Zeichnungen und Illustrationen: Daniela Gisin
Cover-, Buchgestaltung und Satz: Axel Krumsick und Daniela Gisin
Lektorat: Sophie Niemann, Hamburg

Gesamtherstellung: CPI books GmbH, Leck
Printed in Germany

www.ellert-richter.de
www.facebook.com/EllertRichterVerlag

Ellert & Richter Verlag

Daniela Gisin  Axel Krumsick

Die

RÄUM
DICH
FREI

Methode

Dein Zuhause ist der
Spiegel von Dir selbst

Das Original Aufräumhand(lungs)buch.
Einfach und schnell. Schritt für Schritt.

Liebe Leserin,
Lieber Leser,

beim Aussortieren geht es **um das Wesentliche und um das Wertvolle.**

Wir haben uns deshalb entschieden, überflüssige Höflichkeitsformen **weg zu lassen und Sie mit dem respektvollen Du anzusprechen.**

Manuela & Axel

1 Warum ist das Buch besonders anders?

In diesem Buch geschieht erstaunlich viel. Doch musst Du dafür gar nicht so viel tun …

Im vorliegenden Buch führen wir Dich durch Die RÄUM DICH FREI Methode. Es geht um Aussortieren, Ausmisten und Aufräumen des physischen und digitalen Zuhauses. Jedoch aufgepasst, nicht im herkömmlichen Sinne: Mühselig, ständig vor Dich herschiebend, weil überlegend, was alles weg muss. Nein! Die RÄUM DICH FREI Methode hat den Fokus auf dem Guten: auf Dingen, die Du liebst, die Dich bereichern und die Du genau deshalb bei Dir haben willst! Die ungeliebten, nervenden und mit schlechten Emotionen verknüpften Gegenstände hingegen verlieren ihre Berechtigung. Sie verschwinden in den Hintergrund.

Somit passiert das Spannende. Durch diese Verschiebung des Fokus vom Schlechten (Gerümpel) zum Guten (Lieblingsgegenstände) ändert sich schlagartig Deine Einstellung zum Aufräumen. Auf einmal ist Aufräumen keine Last mehr, sondern eine bereichernde und motivierende Aufgabe! Denn Du darfst Dir nun all Deine guten Sachen heraussuchen:

Du schälst also den guten Kern (Lieblingsgegenstände) aus dem darum liegenden Ballast (Gerümpel) heraus.

Das Herausgreifen Deiner Lieblingssachen ist der **einfache Grundmechanismus der Methode.** Simpel und doch sehr wirkungsvoll!

Denn wer nur gute und für sich wertvolle Dinge um sich herum hat, fühlt sich automatisch auch selbst gut und wertvoll!

Willst Du Dich wertvoll fühlen,
so umgebe Dich nur mit
wertvollen Sachen.

Das ist der Clou, aber noch nicht alles. Durch den Fokus auf das Gute in Deinem Zuhause und das Wertigfühlen Deiner selbst, wandelt sich unbemerkt auch der Fokus in Deinem Leben. Von einer vielleicht negativen und mühselig geprägten zu einer positiven und leichten Lebensweise. Lässt Du Dich darauf ein, so eignest Du Dir die Wandlung unbemerkt und unbewusst an.

Dieser Hebeleffekt ist die Magie der RÄUM DICH FREI Methode und bildet die Basis des Buches.

Was magisch klingt, haben wir für Dich jedoch praktisch und Schritt für Schritt beschrieben. Denn:

○ In einer geführten, kochbuchartigen Anleitung führen wir Dich durch Deinen ganz persönlichen Aufräumprozess. Und zwar vom ersten Planungsgedanken an bis hin zum zukünftigen Ordnunghalten. Das im Buch Erlernte ist somit einfach und schnell umsetzbar.

○ Die Magie ist in ein durchdachtes Gesamtkonzept eingebettet. Du räumst nämlich nicht punktuell, sondern raumübergreifend auf. Angelehnt an Deine individuellen Bedürfnisse und Wünsche an Dein Zuhause.

○ Wie das Thema selbst ist auch Dein Buch auf das für Dich Wichtige ausgerichtet.

2 Mehr zum Aufbau des Buches: Wahl Deines persönlichen RÄUM DICH FREI Vorgehens

Gehe von Anfang an Schritt für Schritt vor

Auf der nächsten Seite wählst Du Deine eigene Lese- und Bearbeitungs-Vorgehensweise, abgestimmt auf Deine persönlichen Bedürfnisse und Dein individuelles Lernverhalten. Nutze diese Vorgehensweise als Deinen Wegweiser auf dem Weg zu Deinem Freiräum-Ziel!

So haben wir Dein Buch aufgebaut (Lesedauer ohne Bearbeitung):
Kapitel 3 – Die RÄUM DICH FREI Methode:
Das Kernstück Deines Buches. Eine kochbucharitge Begleitung durch die logischen Abläufe und Regeln Der RÄUM DICH FREI Methode. Untermauert durch theoretisches Wissen und lebhafte Beispiele.
Lesedauer: ca. **2 Stunden** – 96 Seiten

Kapitel 4 – Ordnungstipps pro Bereich:
Wertvolle Ordnungstipps für bereichsspezifisches Vorgehen. Als Anregung oder zum Konsultieren nach Bedarf. Wir empfehlen Dir auf jeden Fall die 5 Ordnungsassistenten (4.1) anzuschauen. Sie erleichtern Dir das Leben.
Lesedauer: ca. **1 Stunde** – 50 Seiten

Kapitel 5 – Nachschlagewerk:
Dein Nachschlagewerk für Abläufe, Regeln und Checklisten auf einen Blick. Am besten kopierst Du Abläufe und Regeln. So kannst Du diese während der Arbeit als Leitplanke neben Dich legen. Die Checklisten verwendest Du nach Bedarf. In den Kapiteln 3 und 4 verweisen wir öfters auf Regeln und Checklisten.
Lesedauer: ca. **30 Minuten** – 18 Seiten

Kapitel 6 – Fragen & Hintergrundinformationen:
Beantwortung von Fragen und Unklarheiten.
Lesedauer: ca. **45 Minuten** – 36 Seiten

Kapitel 7 – Ausleitung:
Erlaube Denkanstöße und Anregungen, die sich aus dem Prozess des räumlichen Aussortierens ergeben haben. Für jetzt und für die Zukunft.
Lesedauer: ca. **10 Minuten** – 4 Seiten

Hol Dir, was Du brauchst

Das vorliegende Buch ist als angelesenes Schriftstück in Deinem Bücherregal ungeeignet. Es ist Dein Arbeitsbuch und brennt darauf, Dich zu Deinem freien, klaren und glücklichen neuen Leben zu begleiten. Sei egoistisch und nimm Dir heraus, was Du brauchst. Den Rest lässt Du getrost links liegen.

Deswegen wählst Du hier Deine persönliche Lese- und Bearbeitungs-Vorgehensweise:

Vorgehen A: Eigenregie

Dir reichen eine Landkarte und ein Kompass zum Nachschlagen aus? Alles andere interpretierst Du freestyle für Dich?

1. Blättere direkt, also ohne weiterzulesen, **zu Kapitel 5.** Lese und verinnerliche Dir die Abläufe und Regeln als Übersicht **(Teil 5.1 und 5.2).** Jetzt startest Du direkt mit Deinem Aussortiervorhaben.
   Lese- und Interpretationsdauer: 30 Minuten

2. Wenn Du etwas genauer wissen musst, schlägst Du gezielt in den **Kapiteln 3, 4, 5 und 6** nach.

3. Lies **Kapitel 7** zum Ausklang.
   Lesedauer: 10 Minuten

Vorgehen B: Basis und schnelles Loslegen

Du willst keine unnötige Zeit verbrennen, sondern noch heute die Ärmel nach hinten krempeln und loslegen?

1. Lies **Kapitel 3** und eigne Dir die fundierte Basis an.
   Lesedauer: 2 Stunden

2. Schlage nach Bedarf in den **Kapiteln 4, 5 und 6** nach.

3. Lies **Kapitel 7** zum Ausklang.
   Lesedauer: 10 Minuten

Vorgehen C: Fundierte Basis und sanftes Loslegen

Du willst Dir nicht nur das System aneignen, sondern das Gelernte gleich mit praktischen Beispielen, Tipps und Antworten zu beliebten Fragen verknüpfen?

1. Lies **Kapitel 3** und eigne Dir die fundierte Basis an.
   Lesedauer: 2 Stunden

2. Lies **Kapitel 4** und festige Dein Wissen mit bereichsspezifischen Tipps.
   Lesedauer: 1 Stunde

3. Schlage nach Bedarf im **Kapitel 5** nach.

4. Überfliege **Kapitel 6**. Lies die Fragen und Antworten, die Dich interessieren.

5. Lies **Kapitel 7** zum Ausklang.
   Lesedauer: 10 Minuten

3 Die RÄUM DICH FREI Methode

Nun starten wir also mit dem Kapitel 3, dem Kernstück Deines Buches. Nach dem Durcharbeiten der 96 Seiten bist Du **Besitzerin bzw. Besitzer der kompletten RÄUM DICH FREI Weisheit!** Mittels dieses Wissens befreist Du zukünftig auf schnelle, befriedigende und schöne Weise Dein Zuhause von unnötigem Ballast. Damit schenkst Du den wesentlichen Dingen in Deinem Leben das, was ihnen wirklich zusteht: **Raum, um ihren Wert in aller Fülle entfalten zu können.**

Zu Beginn des Kapitels erarbeitest Du Dir die **Basis** der Methode. Du machst Dich mit den Emotionalen Bedürfnissen Deines Zuhauses vertraut, lernst den Aufbau Deines Wohnraums kennen und wirfst einen ersten Blick auf den RÄUM DICH FREI Prozess.

Die darauffolgenden Teile begleiten Dich Schritt für Schritt durch **Planung**, **Vorbereitung** und **Durchführung** Deines Aufräumvorhabens. Das Kapitel 3 schließen wir mit Deinem Schritt in die Zukunft, mit dem Thema „Zukünftig Ordnung halten" ab.

Bist Du bereit für fundamentale und weitreichende Veränderungen? Dann lass uns jetzt in die RÄUM DICH FREI Methode eintauchen.

Basis

Was sind die Emotionalen Bedürfnisse an Dein Zuhause?

Oder anders gefragt: Was bedeutet „Zuhause" für Dich?

- ○ Ein Dach über dem Kopf?
- ○ Ein Ort zum Schlafen?
- ○ Ein Platz zum Essen?
- ○ Eine Ecke zur Körperpflege?

Um diese 4 rationalen Grundbedürfnisse abzudecken, würde ein 10-Quadratmeter-Kubus mit Bett, Kochgelegenheit und Waschbecken als Dein Zuhause ausreichen. Würdest Du jedoch in solch einem reduzierten Raum wohnen, dann hättest Du wohl kaum dieses Buch in Deinen Händen?

Ergo ist Deine Wohnfläche grö-
ßer als 10 Quadratmeter. Und die
Fülle Deiner „Besitztümer" übersteigt
wahrscheinlich die Anzahl der Grundausstattung des Kubus.

Doch warum ist das so? Warum
besitzen wir mehr Raum und auch
deutlich mehr Gegenstände, als zur
Abdeckung unserer rationalen Bedürfnisse notwendig wären?

Rationale Bedürfnisse
an Dein Zuhause

Die Erklärung liegt in den Erwartungen, die sich ergänzend zu den rationalen
Bedürfnissen ergeben. Wir nennen diese erweiterten Ansprüchen an unser
Zuhause: **Emotionale Bedürfnisse.**

Ein mögliches Emotionales Bedürfnis an Dein Zuhause könnte „Entspannung"
sein: Du willst Dich zu Hause entspannen können. Das ist eine klare Anforderung
an Dein Zuhause. Dieser Anspruch drückt aber nicht aus, was Du persönlich
unter „Entspannen" verstehst: Chillen, Lesen, Fernsehen, Kochen, Gartenarbeiten, Yoga ...

Deine eigenen Emotio-
nalen Bedürfnisse wirst Du
im Teil 3.2, der Planung,
herausarbeiten. **So viel
aber schon vorweg:**
Es ist essenziell, dass Du
Deine eigenen Emotio-
nalen Bedürfnisse an Dein
Zuhause kennst.

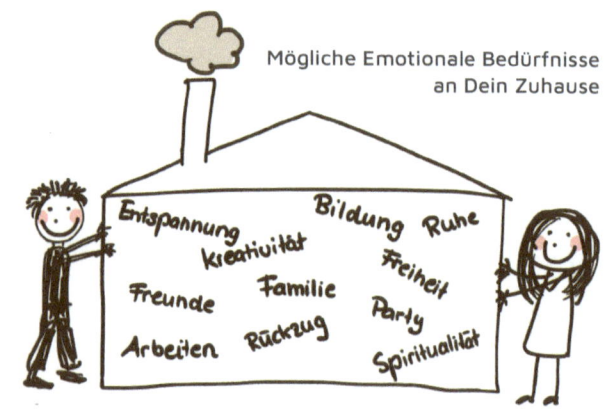

Mögliche Emotionale Bedürfnisse
an Dein Zuhause

Erst das Bewusstsein über Deine Emotionalen Bedürfnisse befähigt Dich,
zur Wurzel von eventuellen Problemherden in Deinem Wohnen und Leben
vorzudringen. **Mittels dieses Bewusstseins:**

1. **Konzipierst und gestaltest Du Dein Zuhause** nicht mehr willkürlich, sondern
   in Einklang mit Deinen Wünschen, Passionen und Deiner Lebensart.

2. **Erkennst Du besser das Spiegelbild Deines mentalen Zustands** und bist
   dadurch in der Lage, verändernde Schritte einzuleiten:

Mentale Unordnung zu Hause aufgrund räumlicher Unordnung. **Oder war es andersrum?**

Wechselwirkung: Ordnung im Zuhause führt zu Ordnung in Kopf, Geist und Körper = Mentale Ordnung.

3. **Enthüllst Du historisch gewachsene Altlasten und Mitläufer:**

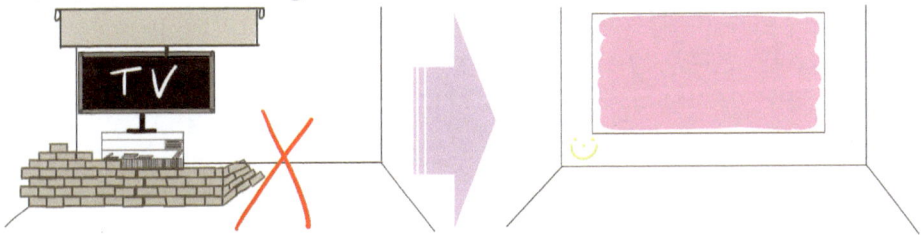

Ich versuche immer, den Fernseher auszublenden. Am liebsten würde ich ihn ja entsorgen. **Aber „man" braucht doch einen.**

Braucht „man" wirklich? Manchmal erfordert Veränderung nicht mal Mut, sondern nur Neugierde an einer veränderten Sichtweise.

Denn häufig lassen wir Dinge im Gewohnten, weil sie schon immer so waren.
Weil das doch „normal" ist oder weil „man" das so hat. Wir haben verpasst, dass
diese Tatsachen mittlerweile keinen emotionalen Wert mehr für uns haben und
keinen Zweck mehr erfüllen. Obwohl sie uns unbewusst stören oder Energie
entziehen, lassen wir sie so. **Wir haben uns an die sog. Ordnung gewöhnt.**

Wie entstehen überhaupt historische Altlasten und Mitläufer?

1. Die Haushaltszusammensetzung hat sich weiterentwickelt: Vielleicht ist Dein letztes Kind ausgezogen. Der Weggang hat Veränderungen in Dein Zuhause gebracht: Ungenutzte Wohnbereiche, Möbel und Gegenstände, alte Verhaltensweisen und Rituale und vielleicht sogar Erinnerungen kannst Du nun freigeben und Dich davon verabschieden.

2. Dein Lebensstil und damit verbundene Aktivitäten und Interessen haben sich verschoben: Früher warst Du leidenschaftlicher Computer-Gamer, heute begnadeter Hobbykoch. Den Game-Bereich im Wohnzimmer brauchst Du nicht mehr. Zeit um diesen Bereich aufzulösen. Komplett.

3. Deine mentale Ausrichtung hat ein Upgrade gefahren: Bis vor Kurzem fungierten sowohl Kopf als auch Zuhause als Sammelbehälter für Erinnerungen. Mittlerweile hast Du den Weg zum minimalistischen Denken eingeschlagen und willst diese Reduktion auch auf Deinen Wohnbereich übertragen.

Du merkst, es ist elementar, die Emotionalen Bedürfnisse an Dein Zuhause vor der Aussortieraktion zu hinterfragen bzw. zu definieren.

Wichtig zu wissen: Vor dem Aussortieren nachdenken!

Überlege Dir Deine Emotionalen Bedürfnisse an Dein Zuhause vor Deiner Aussortieraktion! Erst basierend auf dieser Kenntnis bist Du wirklich in der Lage, tiefgreifend auszusortieren, umzugestalten und damit die gewünschte räumliche und mentale Freiheit zu erlangen. Es geht um die Reduktion auf das für Dich Gute und Wertvolle.

Ohne das Bewusstsein über Deine Emotionalen Bedürfnisse räumst Du planlos, oberflächlich und daher nicht tiefgreifend und langfristig befriedigend auf.

Regel

„Erst das Bewusstsein über **meine Emotionalen Bedürfnisse an mein Zuhause** führt zum rundum befriedigenden Aufräumerfolg."

Der Aufbau Deines Zuhauses

Dein gesamtes Zuhause bzw. Dein persönlicher Lebensraum wird in **Räume** unterteilt. Stelle Dir Deine Räume als einzelne Behälter vor. Diese Räume bzw. Behälter sind durch nicht, oder nur erschwert veränderbare Mauern voneinander abgegrenzt. Daher ist der Grundriss der Räume grundsätzlich vorgegeben. In jedem Raum bzw. Behälter befinden sich ein oder mehrere **Bereiche**. Die Bereiche sind nicht fest im Behälter (= Raum) verankert. Sie können also wie Module variabel von einem **Behälter** in einen anderen Behälter verschoben werden. In jedem Bereich befinden sich ein oder mehrere ebenfalls flexibel platzierbare **Gegenstandsgruppen**. Jede Gegenstandsgruppe umfasst ein oder mehrere **Gegenstände**.

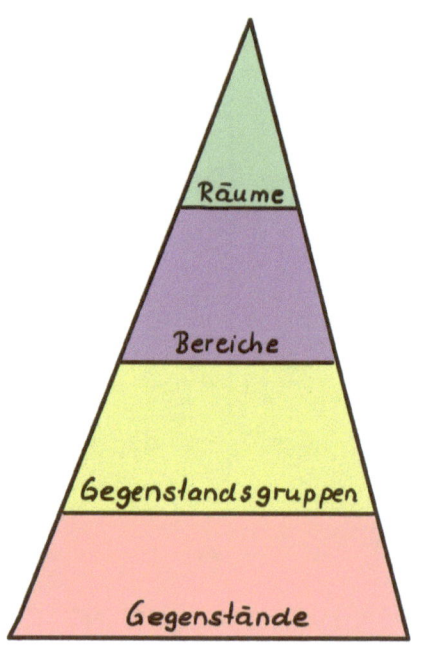

Reflektiere für Dich:

- ○ Bin ich mit der Anzahl meiner Behälter (Räume) zufrieden?
- ○ Könnten es 1 oder 2 Räume mehr sein?
- ○ Oder habe ich vielleicht einfach meine Behälter mit den falschen Sachen vollgestopft?

Tipp der Autoren:

Im Teil 5.3 auf Seite 172 findest Du die Zuordnungsmatrix. Diese Matrix gibt Dir eine Idee für eine mögliche Zuordnung von Gegenständen zu Gegenstandsgruppen und Bereichen: **www.raeum-dich-frei-methode.de** kannst Du die Matrix auch als Excel-Liste herunterladen. Betrachte die Matrix nur als mögliche Anregung für Dein eigenes Zuhause. Modifiziere die Liste anhand Deiner Gegebenheiten.

Der Raum

Definition Raum:

Unter einem Raum verstehen wir innerhalb des RÄUM DICH FREI Denkens einen klar abgetrennten Teil Deines Zuhauses.

1. Ein Raum kann, muss aber nicht, eine Tür haben. Wenn Du in Deinem alten Haus zwecks Vergrößerung des Wohnbereichs eine Mauer zwischen 2 Zimmern herausgerissen, den **Mauervorsprung** jedoch belassen hast, dann wird dieser **Wohnraum wie 2 separate Räume** behandelt.
2. Eigene Räume sind: der **Flur**, das **Badezimmer**, das **Kellerabteil**, das **Dachgeschoss**, die **Garage**, der **Außenparkplatz**, der **Garten** usw.
3. **Mit virtuellen Mauern** abgegrenzt, gibt es sogar den Raum **Digital** (Handy, Tablet, Computer, Cloud etc.).

Herzlich willkommen Laura: ein Beispiel für ein offenes Loft mit „5 Räumen"

Laura wohnt in einem komplett offenen Loft. Das Badezimmer ist durch Mauern (mit Eingang ohne Tür) abgegrenzt. Zum Loft gehört eine Terrasse. Laura hat damit 3 Räume: den Loftraum (beinhaltet Küche, Schlafen, Wohnen usw.), das Badezimmer und die Terrasse. Besitzt Laura zusätzlich noch einen Garagenplatz in der gemeinschaftlichen Tiefgarage, so hat ihr Zuhause bereits 4 Räume. Hinzu kommt der Raum „Digital", weil Laura E-Mails, WhatsApps und andere Nachrichten versendet, ein Facebook-Profil besitzt und ihre Dokumente auf einer Cloud ablegt. So hat Lauras Zuhause also 5 Räume.

Zwischencheck: Zähle Deine Räume.

Wie viele Räume habe ich eigentlich in meinem Zuhause?

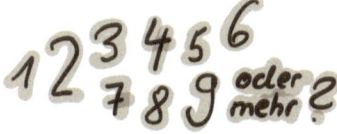

Reflektiere Deinen Lieblingsort:

○ Habe ich Lieblingsorte innerhalb meines Zuhauses, die mich immer frei, klar und gut fühlen lassen?
○ Was ist das Besondere an meinen Lieblingsorten?
○ Warum fühle ich mich gerade hier so gut?
○ Was ist anders, als bei/an den anderen Orten?

Wie bereits eingangs dieses Teils erwähnt, raten wir, Dir Deine **Räume** als starre, nicht veränderbare „Behälter" vorzustellen. Als „**Sammelbehälter**", in die dann Deine **Wohnbereiche flexibel** hineingesetzt werden können. **Wie Module, mit Ausrichtung auf Deine Emotionalen Bedürfnisse.**

Aufgrund der Inflexibilität des Raums arbeiten wir innerhalb der **RÄUM DICH FREI Methode mit Bereichen und nicht mit Räumen.** Denn die Eingeschränktheit des Raums führt bei vielen Aufräumaktionen zu schwerfälligem, oberflächlichem und halbherzigem Aufräumen. **Im nächsten Abschnitt** erhältst Du weitere Informationen zu den Bereichen. Vorerst merke Dir Folgendes:

Wichtig zu wissen: **Verinnerliche Dir das Bereiche-Denken!**

Du sortierst also nicht nach Arbeitszimmer, Schlafzimmer und Küche aus. Diese Vorgehensweise wäre zu wenig flexibel, da wir uns nach vorhandenen (nicht veränderbaren) Raumaufteilungen und Gegebenheiten ausrichten und uns dadurch bei möglichen Umgestaltungsideen und Veränderungsmaßnahmen stark einschränken würden. Wenn Du vom **Denken des Raums wegkommst und Dich stattdessen an Bereichen orientierst, dann ergeben sich plötzlich neue und noch nie gedachte Möglichkeiten für: Umnutzungen und Neustrukturierungen innerhalb Deines Zuhauses.** Diese Herangehensweise gilt selbst dann, wenn Du nur einen kleinen Bereich Deines Zuhauses bearbeiten möchtest.

Regel **2**

„**Aussortieren nach Bereichen und nicht nach Räumen** verleiht meinem Vorhaben Flexibilität und dadurch bislang unbedachte und vielleicht richtig befreiende, neue Möglichkeiten."

Das Arbeitszimmer von Matthias wird zum Inspirationsraum:

Matthias sogenanntes Arbeitszimmer ist mit vielen Büchern befüllt, die ordentlich wie Trophäen in seinem Bücherregal stehen. Viele Bücher stammen aus seiner Studienzeit. Veraltet und heute unbenutzt.

Andere Lesewerke hat Matthias sich im Laufe der Jahre gekauft, aber nie gelesen. Holt Matthias aus seinem Arbeitszimmer einen Ordner bzw. führt er Besucher durch sein Zuhause, erfüllt ihn der Anblick dieser Fachbücher mit Stolz: „Diese Bücher habe ich alle gelesen!" Oder etwa nur „angelesen"?

Außer als Trophäen- und Ablageraum benutzt Matthias sein „Arbeitszimmer" kaum. Seine Administration erledigt er auf dem Sofa oder am Küchentisch. Dort spürt er eine angenehme Leere, in der er konzentriert arbeiten kann. **Doch es ärgert ihn, dass er immer den Küchentisch zur Seite rücken muss, bevor er seine Fitnessmatte ausrollen kann.** Das Wegstellen des Tisches ist nämlich oft eine Entschuldigung, um seine Übungen nicht machen zu müssen.

Matthias erarbeitet die Emotionalen Bedürfnisse an sein Zuhause. Die Berechtigung des Trophäenraums bröckelt. Matthias realisiert, dass der Raum nur für das Außen (zum Angeben) da ist. Ihm persönlich verleiht dieser Raum aber keinen Nutzen. Wenn Matthias ganz ehrlich zu sich selbst ist, könnte er auch den gesamte Ablagebereich auflösen. Es handelt sich sowieso nur um in Vergessenheit geratene Fotos, Hefter und Gegenstände aus alten Zeiten. Die Ordner mit den wichtigen Papieren will Matthias entsorgen bzw. einscannen.

Leichten Herzens weiß Matthias nach Bearbeitung der Emotionalen Bedürfnisse, dass er beide Bereiche, „Fachbücher" und „Ablage", eliminieren will. Dafür schafft er im Raum die 2 neuen Bereiche „Fitness" und „Bereichernde Bücher". **Das ehemalige „Arbeitszimmer" wird so zum „Inspirationsraum".**

Ohne Ausarbeitung der Emotionalen Bedürfnisse und mittels Aussortieren nach Räumen statt Bereichen wäre Matthias analog seinen früheren Aufräumaktionen vorgegangen. Er hätte sich nicht vom **„Arbeitszimmer-Denken"** lösen können und hätte dieses, im besten Fall, radikal reduziert.

Ob er jedoch das Arbeitszimmer in einen Inspirationsraum umgewandelt hätte, ist fraglich.

Wichtig zu wissen: Tote Orte finden und auflösen!

Matthias hat sein „totes" Arbeitszimmer entlarvt und eliminiert. Viele Menschen haben tote Räume in ihrem Zuhause bzw. tote Bereiche und Winkel in ihren Räumen. Diese toten „Orte" haben sich in unser Zuhause eingenistet oder über die Zeit entwickelt. Sie werden unbewusst unterhalten und fortgeführt, obwohl sie „eigentlich" keinen Zweck (mehr) erfüllen.

Zwischencheck: Suche Deine toten Orte.

Habe ich vielleicht auch tote Räume in meinem Zuhause?

Oder etwa tote Bereiche, Ecken, Schränke, Schubladen, Regalböden, Kisten?

Und schon sind wir beim Bereich angelangt.

Definition Bereich:

Unter einem Bereich wird in der RÄUM DICH FREI Methode ein Thema innerhalb Deines Zuhauses verstanden. So gibt es zum Beispiel die Bereiche „Essen", „Körperpflege", „Bekleidung", „Papierkram" und viele weitere (siehe Zuordnungsmatrix im Kapitel 5.3 auf Seite 172). Deine Bereiche sind beweglich (mobil). Du kannst sie also flexibel in Deinen Räumen umplatzieren.

Die Gegenstandsgruppe.

Definition Gegenstandsgruppe:

Eine Gegenstandsgruppe enthält mehrere Gegenstände der gleichen Art und ist einem einzigen Bereich zugeordnet. Ein Beispiel: Im Bereich „Körperpflege" könnten sich die Gegenstandsgruppen „Badezimmerausstattung", „Kosmetika und Parfums" und „Toilettenartikel" befinden. Weitere Beispiele siehst Du in der Zuordnungsmatrix im Kapitel 5.3 auf Seite 172. Eine Gegenstandsgruppe behältst Du immer als untrennbare Einheit zusammen.

Zwischencheck: Ist alles gut zugänglich?

Sind alle Gegenstandsgruppen, deren Gegenstände ich häufig nutze, gut zugänglich? An welchem Ort habe ich z.B. meine Putzutensilien einsortiert?

Ist der Ort einfach zugänglich und ist alles ordentlich und einladend eingeräumt?

Öffne ich mit Vorfreude das „Putzkabinett" oder sind Unzugänglichkeit und Unordnung eher unbewusste, willkommene Ausreden, um das Putzen auf morgen verschieben zu dürfen?

Regel **3**

„Raum-Harmonie und Raum-Einklang fördere ich durch das logische Zusammenpassen von Bereichen in demselben Raum."

Anmerkung zu Regel 3:

Logisch zusammenpassen bedeutet, die Bereiche müssen für Dich persönlich als Einheit logisch harmonieren. Achte auf Dein Gefühl: Dein Raum ist im Einklang, wenn Du gerne in diesen Raum eintrittst und Dich darin wohlfühlst. Die Bereiche „Bekleidung" und „Schlafen" harmonieren beispielsweise mit unserem Gefühl wunderbar. Eher schlecht passen hingegen „Arbeiten" und „Sport" zusammen. Harmonieren Bereiche nicht, müssen sie klar voneinander abgegrenzt werden, zum Beispiel durch einen Vorhang, Raumtrenner bzw. innerhalb eines Schranks durch Verlagerung auf verschiedene Regalböden oder Einordnung in Boxen.

Regel **4**

„Eine Gegenstandsgruppe behalte ich immer als **untrennbare Einheit** zusammen."

Anmerkung zu Regel 4:

Eine Aufsplitterung der Gegenstandsgruppe (= Verteilung der einzelnen Gegenstände auf unterschiedliche Orte) würde nicht nur zu einer räumlichen, sondern auch einer mentalen Verzettelung und Unruhe führen: „Wo ist denn schon wieder die Teigschüssel? Sie müsste doch bei den Backutensilien sein, aber da ist sie nicht ..."

Ausnahme für die Regel 4:

Wohnst Du in einem Haus mit mehreren Badezimmern, so willst Du vielleicht Bereiche wie „Körperpflege" in 2 Badezimmern (= Räumen) unterbringen: im 2. OG und im 3. OG. Das ist natürlich möglich. Bezeichne in diesem Fall die beiden Bereiche eindeutig: „Körperpflege 2. OG" und „Körperpflege 3. OG". Gehe jedoch sehr sparsam mit Aufsplitterungen von Bereichen um.

Tipp der Autoren:

Achte darauf, dass Du **keine unnötigen Vorratslager** führst. Dass Du also nicht 3 Deos im Bereich „Körperpflege 2. OG" und 5 Deos im Bereich „Körperpflege 3. OG" lagerst. Unterhalte Dein Badezimmerutensilien-Vorratslager ausschließlich an einem Ort, z.B. im Bad 2. OG. Grundsätzlich raten wir Dir von üppigen Vorratslagern ab. Sei neugierig und probiere aus, wie es sich anfühlt, nach dem Just-in-Time-Prinzip zu leben. Selbst wenn es anfangs ungewohnt für Dich sein mag, lass Dich einfach mal eine Weile auf **Just-in-Time** ein.

Daniela:
Früher waren meine Vorratsschränke prall gefüllt: Lidschatten, Lippenstifte, Puderdosen, Deos, Gesichtscremes, Body Lotions, Zahnbürsten, Haargummis, Shampoos, Taschentücher und sogar Kämme und Haarbürsten. Über meine Schätze hatte ich längst den Überblick verloren. Und so kaufte ich mir ständig neuen Nachschub, was zur stetigen Vergrößerung meines Vorratslagers führte. Alle Jahre wieder mistete ich meine Schränke aus. Dabei nahm ich mir vor, den angesammelten Kram aufzubrauchen.

Doch viele dieser Dinge mochte ich mittlerweile nicht mehr. So benutzte ich schon lange einen neuen Lidschatten, wusch mir seit Ewigkeiten mit einem anderen Shampoo die Haare, konnte Taschentücher mit Zitronenduft nicht mehr ausstehen, war zwischenzeitlich auf ein sanfteres Deo umgestiegen und empfand die durch den Staub abgewetzten Chanel-Puderdosen als schäbig. So kippte und schmiss ich einen großen Teil meiner Vorräte weg.

Welch unglaubliche Platz-, Geld- und Ressourcenverschwendung!

Es geht um Deine Zukunft:

Wie gestalte ich mein Nachschub-Verhalten? Betreibe ich ein Vorratslager oder kaufe ich Just-in-Time ein?

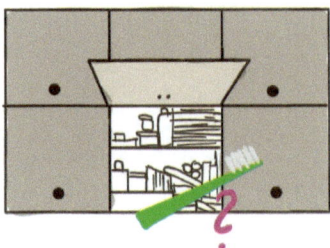

Wo sind denn schon wieder die Ersatzzahnbürsten? Kein Bock auf Suchen? Neukaufen geht schneller!

Aufgepasst! Auch Männer führen Vorratslager:

Unterhalte ich vielleicht ein „getarntes" Vor-ratslager? Wie steht es mit Schrauben, Deos, Elektrokabeln, Kaugummis, Stiften, tiefgefro-renen Pizzen?

Der Gegenstand

Definition Gegenstand:

Der Gegenstand ist die kleinste Einheit innerhalb des RÄUM DICH FREI Zuhauses. Sprechen wir im Rahmen der RÄUM DICH FREI Methode von einem Gegenstand, so meinen wir damit nicht zwingend einen singulären Gegenstand. Es können damit auch 2 oder mehr Exemplare des gleichen Gegenstands gemeint sein.

Regel **5**

„Jedem Gegenstand teile ich
seinen festen Platz zu!"

Das ist eine der Schlüssel-Regeln der RÄUM DICH FREI Methode:

Befolgst Du Regel 5, stehen die Chancen gut, dass Du dauerhaft und auf
natürliche Weise Ordnung halten kannst.

Anmerkung zur Schlüssel-Regel 5: Oft ist die Kernursache von Unordnung ein wechselnder bzw. unlogischer **Platz meiner Gegenstände**: So muss ich mir bei jedem Hervorholen bzw. Wegräumen überlegen, wo der Gegenstand gerade liegt bzw. wo er hingehört.

Diese fehlende Klarheit in unserem Tun wirkt sich auf die fehlende Klarheit in unserem Raum aus. Die Gegenstände liegen mal da, mal dort. Beobachte Dein Verhalten, wenn Du einen Gegenstand ohne festen Platz zurücklegen musst:

Vielleicht ärgerst Du Dich innerlich, dass der Gegenstand eigentlich nirgendwo richtig hineinpasst. Und so deponierst Du ihn schließlich einfach mal irgendwo. Hauptsache, Du bist ihn los! Aus den Augen, aus dem Sinn.

Bis zu dem Zeitpunkt, wo Du den Gegenstand wieder suchst ...

Wenn Du hingegen jedem Gegenstand seinen festen Platz zuweist, ersparst Du Dir diesen inneren Ärger, plus die Unordnung in Raum und Kopf!

Probiere es einfach aus!

Eine letzte Anregung:

> Rein aus Neugier könnte ich ja heute mal darauf achten, wann und wie oft ich selbst oder meine Mitmenschen etwas suchen. Einen Stift, ein Stück Papier, den Schlüssel ...

Der RÄUM DICH FREI Prozess

Wir haben Dein RÄUM DICH FREI Vorhaben als Dein Projekt skizziert:

Doch um ganz ehrlich zu sein, ist dieses Vorhaben viel mehr als ein Projekt mit exaktem Start- und End-Datum. Vielmehr ist es eine Art Herantasten und Lust machen auf eine veränderte und auf das Gute reduzierte Lebenseinstellung. Eine Lebenseinstellung, die Dich ganz sanft zu den schönen und wertvollen Gegenständen, Aktivitäten, Situationen und Menschen Deines Lebens heranführen wird.

Auf einmal merkst Du nämlich, dass nicht mehr die Anzahl von Büchern, Ohrringen oder Krawatten eine Rolle für Dich spielt, sondern dass Du vermehrt auf den persönlichen Wert der Bereicherung der Gegenstände achtest.

Und mit persönlichem Wert meinen wir nicht den Geldwert, sondern den Wert, den der Gegenstand für Dich und nur für Dich hat.

Du wirst weiter spüren, dass sich dieses Wertedenken zunehmend auch auf weitere Bereiche Deines Lebens übertragen wird. Immer weniger zählen die Anzahl der wichtigen Veranstaltungen, Partys und Treffen, an denen Du teilnimmst. Nein, Du wirst vermehrt darauf achten, dass Du nur noch an Aktivitäten partizipierst, die Dir persönlich guttun und Dich rundum glücklich machen.

Genauso verhält es sich mit der Anzahl an Bekannten, Netzwerkpartnern und Freunden. Deine Ausrichtung wird sich immer mehr zu denjenigen Menschen verlegen, die einen ehrlichen und persönlichen Wert für Dich haben.

 Dinge und Menschen, die Dich in Deinem Glück unterstützen. Die bereichernd für Dich und Dein Leben sind. Die Dir einfach rundum guttun.

Durch diese räumliche und mentale Reduktion auf das Gute und Wesentliche öffnen sich ganz unverhofft neue oder bislang versteckte Türen. Türen zu bereichernden Impulsen, Möglichkeiten und Erfahrungen in Deinem Leben! **Bist Du bereit für diese positiven Überraschungen?** Dann lass uns jetzt mit Deinem eigenen RÄUM DICH FREI Vorhaben beginnen. Wir sind mit Dir gespannt, auf alles Unverhoffte, Chancenreiche und Befruchtende, was folgen mag!

Die Phasen

Die Planung:

Die Planung dient zur Bestimmung Deines RÄUM DICH FREI Zieles. Welche Wunschvorstellung hast Du von Deinem Zuhause? Wie willst Du Dich nach Beendigung des RÄUM DICH FREI Vorhabens fühlen? Wann soll das Vorhaben beendet sein? Mit der Ausarbeitung Deines „Plans" beginnst Du bereits auf der nächsten Seite. Die Planung sollte nicht länger als 1,5 Stunden dauern.

Die Vorbereitung:

Innerhalb der Vorbereitung triffst Du die Vorkehrungen für die bevorstehende Aussortier-, Einsortier- und Entsorgungsaktion (Durchführung). Die Vorbereitung findet ein paar Tage vor der Aktion bzw. als erstes am Tag der Aktion statt.

Die Durchführung:

Unter Durchführung verstehen wir die eigentliche RÄUM DICH FREI Aktion, also das Aussortieren, Einsortieren und das Entsorgen von Gegenständen, Möbeln und anderem Ballast.

Zukünftig Ordnung halten:

Was bringt Dir der ganze Ausmist-Aufwand, wenn Du 3 Monate nach Deinem RÄUM DICH FREI Vorhaben wieder in Unordnung lebst? Deshalb eignest Du Dir mithilfe von ein paar Tricks die Fähigkeit des zukünftigen Ordnunghaltens an.

Die Planung

Warum überhaupt einen Plan? Warum nicht sofort loslegen?

Lass Dich nicht durch die Worte „Plan" oder „Planung" abschrecken. Deinen RÄUM DICH FREI Plan erstellst Du einfach und schnell. Selbst wenn Du nur einen kleinen Teil Deines Zuhauses bearbeiten willst. **Der Plan ist essenziell, weil er die Basis für Deine RÄUM DICH FREI Aktion bildet und der Schlüssel zum Erfolg Deines Aussortierens ist!**

Du magst jetzt vielleicht denken: „Das ist doch übertrieben. Ich lasse den Plan aus und fange lieber gleich mit Aussortieren an. Dann bin ich nämlich umso schneller fertig damit."

Vielleicht bist Du mit der planlosen Methode auf den ersten Blick tatsächlich schneller fertig. **Bevor Du Dich aber jetzt gleich eifrig aufs Aussortieren stürzt, frag Dich bitte ehrlich:**

1. Will ich nur die zurzeit vorliegende Unordnung beseitigen?
2. Will ich mir langfristig mein persönliches Zuhause mit Zufriedenheit und Rundum-Glücksgefühl schaffen?

Wenn Du 1. mit einem klaren „Ja" und 2. mit einem ebenso klaren „Nein" beantworten kannst, dann lege nun planlos los!

Verspürst Du jedoch beim Lesen dieser Fragen nur einen kleinen Funken Unsicherheit, dann lohnt es sich 1 bis 2 Stunden in die Planung und etwa die gleiche Zeit in die Vorbereitung Deines Vorhabens zu investieren. Basierend auf der Struktur Deines Plans wickelst Du Dein Vorhaben sehr effizient ab und machst die investierte Zeit ganz schnell wieder wett.

Das versprechen wir Dir!

Das Emotionale Bedürfnis an Dein Zuhause hast Du ja bereits im vorherigen Kapitel kennengelernt. Das Bewusstsein über Dein Emotionales Bedürfnis an Dein Zuhause legt den Grundstein für Deinen Plan.

Denn es geht nicht darum, Deine Wohnung zu reduzieren, sondern Deinen Lebensraum auf Deine aktuellen und angestrebten Bedürfnisse auszurichten.

So wie Du Deine Wohnung ausrichtest, so lebst Du. Deine Wohnung ist ein Abbild Deines Lebens.

Und wenn Du Deine Wohnung so ausrichtest, wie Du leben möchtest, dann folgt Dein Leben auf einmal Deiner Wohnung.

Viele Wege führen nach Rom: Unser Wegweiser hilft Dir, zu Deinen Bedürfnissen zu gelangen.

Ein kleines Beispiel: Vor ein paar Jahren wolltest Du vielleicht in Deiner Wohnung mehrheitlich Freunde empfangen, kochen und kleine Partys feiern. **Heute arbeitest Du viel. Bist ruhiger geworden.** Deine Wohnung dient Dir als Dein Rückzugsort und ist genau betrachtet Deine Wohlfühloase. Welchen persönlichen Wert gibt Dir jetzt der 10-köpfige, meist leere Esstisch, das 6-Plätze-Sofa und die mit Cocktail-Flaschen aufgefüllte Bar? Haben sich Deine Bedürfnisse geändert? Welchen Weg willst Du jetzt gehen? Denk mal drüber nach.

Ausrichtung Deines Zuhauses: Was Dir wirklich wichtig ist.

Manchmal lohnt es sich, vor dem Losgehen zu überlegen, wohin man denn überhaupt gehen möchte. Man erspart sich damit viele Irrläufe in Sackgassen und Stürze in Fallgruben.

Zeitdauer Planerstellung

Die Erstellung Deines Planes dauert je nach Größe und Komplexität (Anzahl Hausbewohner, Aktivitäten) Deines Zuhauses unterschiedlich lang. Beginne parallel zum Lesen des vorliegenden Teils mit der Planerstellung. Geh bitte zügig voran. Halte Dich nicht an Details auf, verbessere nicht hin und zurück.

Du solltest **nicht länger als 1–2 Stunden für den gesamten Plan** aufwenden! Eine Grob-Planung bzw. über den Daumen gepeilt, reicht vollkommen aus!

Das gehört in Deinen Plan

1. Grob-Grundriss Deiner Wohnung (handskizziert)
2. Emotionale Bedürfnisse an Dein Zuhause
3. Zukünftige Wohnbereiche:
   - neue
   - zu bearbeitende, reduzierende
   - (unverändert zu übernehmende)
   - nicht mehr erforderliche, zu eliminierende
4. Grundriss (Räume) mit zukünftigen Wohnbereichen
5. Abgleich zukünftiger Wohnbereiche mit Emotionalen Bedürfnissen
6. Grobe Gegenstandsgruppen-Definition für jeden zukünftigen Bereich
7. End-Datum für Abschluss der kompletten RÄUM DICH FREI Aktion
8. End-Datum pro Abschluss eines einzelnen zu bearbeitenden Bereiches

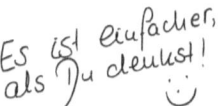

Es ist einfacher, als Du denkst! :)

In 7 Schritten zum Plan

Auf den nun folgenden Seiten beschreiben wir Dir die 7 Schritte von Deiner Vision zur Realität Deines Zuhauses (siehe folgende Grafik). **Jeder Schritt ist mit einem Kreis und einer Nummer gekennzeichnet.** Zum besseren Verständnis verwenden wir lilafarbene Boxen mit Beispielen.

Der Plan: in 7 Schritten von der Vision zur Realität Deines neuen Zuhauses

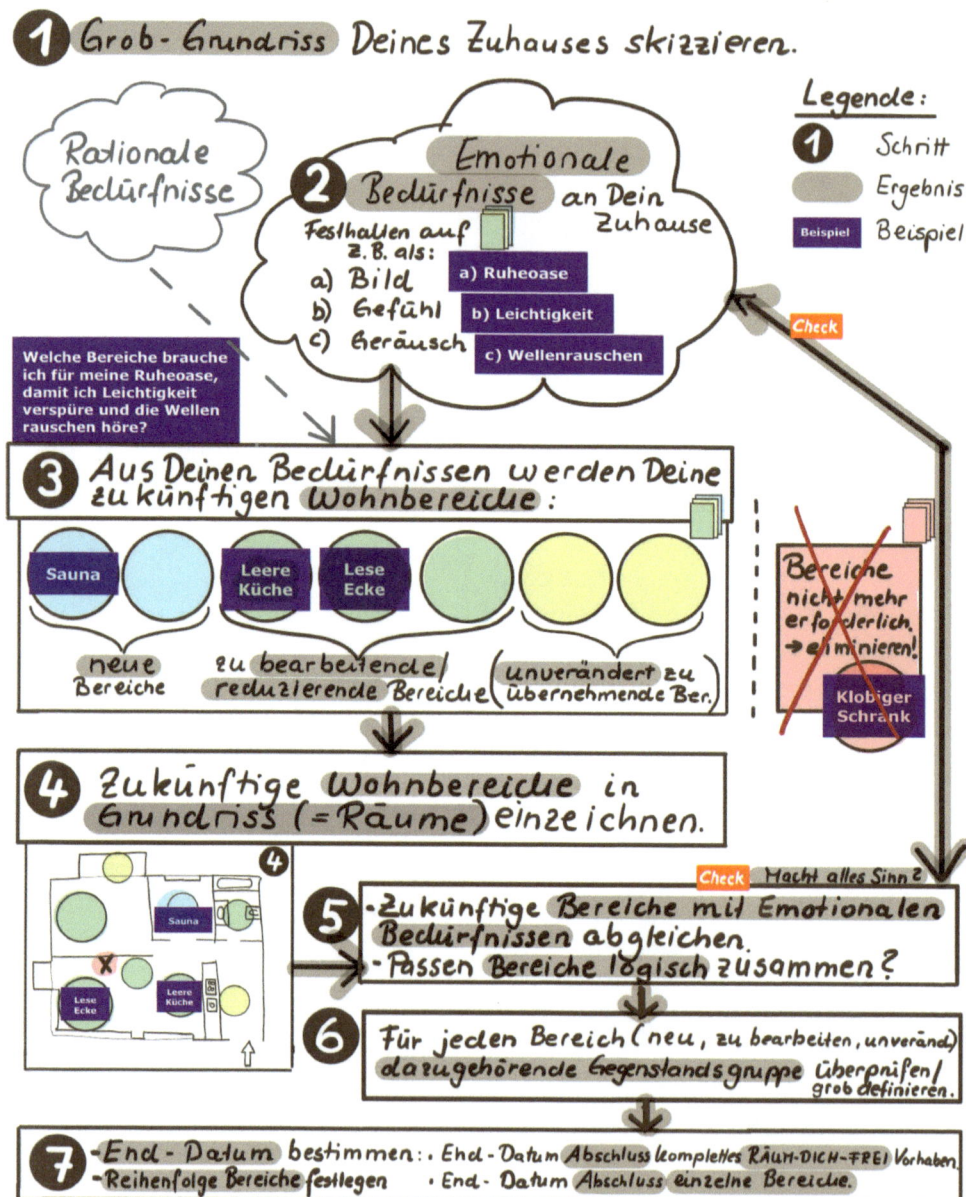

1 Grob-Grundriss Deines Zuhauses skizzieren.

Legende:
1 Schritt
Ergebnis
Beispiel Beispiel

Rationale Bedürfnisse

2 Emotionale Bedürfnisse an Dein Zuhause
Festhalten auf z.B. als:
a) Bild   a) Ruheoase
b) Gefühl   b) Leichtigkeit
c) Geräusch   c) Wellenrauschen

Check

Welche Bereiche brauche ich für meine Ruheoase, damit ich Leichtigkeit verspüre und die Wellen rauschen höre?

3 Aus Deinen Bedürfnissen werden Deine zukünftigen Wohnbereiche:

Sauna | Leere Küche | Lese Ecke

neue Bereiche   zu bearbeitende/reduzierende Bereiche   (unverändert zu übernehmende Ber.)

Bereiche nicht mehr erforderlich → eliminieren!
Klobiger Schrank

4 Zukünftige Wohnbereiche in Grundriss (= Räume) einzeichnen.

4
Sauna
Lese Ecke
Leere Küche

Check Macht alles Sinn?

5 - Zukünftige Bereiche mit Emotionalen Bedürfnissen abgleichen.
- Passen Bereiche logisch zusammen?

6 Für jeden Bereich (neu, zu bearbeiten, unveränd) dazugehörende Gegenstandsgruppe überprüfen/grob definieren.

7 - End-Datum bestimmen: · End-Datum Abschluss komplettes RÄUM-DICH-FREI Vorhaben.
- Reihenfolge Bereiche festlegen   · End-Datum Abschluss einzelne Bereiche.

Bevor Du mit Schritt 1 beginnst:

Lege Dir **große Moderationskarten** in
verschiedenen Farben bereit. Wenn
Du keine solchen Karten besitzt,
dann greife stattdessen zu blanko
A5- oder A4-Zetteln und bunten (dicken) Filzstiften.

Stelle sicher, dass Du die nächsten 1–2 Stunden ungestört sein kannst.
Entspanne Dich und komme zu Dir. Vielleicht, indem Du 5 Minuten lang bewusst
Deinem Ein- und Ausatmen lauschst. Eine andere tolle Möglichkeit zur schnellen
Entspannung ist der Entspannungsstrahl. Nimm dabei Deine Fußsohlen wahr,
wie sie den Boden berühren. Dann
stell Dir vor, dass aus dem Boden
heraus ein Entspannungsstrahl direkt
in Deine Fußsohlen hineinfließt. Anschließend fließt der Strahl durch die
Beine und durch Deinen kompletten
Körper hindurch nach oben, bis er
aus dem Kopf wieder aus Dir

herausfließt. Überall da, wo der Entspannungsstrahl durchfließt, löst er
eventuelle Anspannungen, Verhärtungen, Blockaden und entspannt
Körperstellen, die noch angespannt sind ...

Tipp der Autoren: Audio-Tool

Für die optimale Einstimmung zum Aufräumen empfehlen wir Dir
unser Audio-Tool „Loslassen leicht gemacht". Kostenlos zum
Download unter: www.raeum-dich-frei.de/audio.

1. Schritt: Skizziere den Grob-Grundriss Deines Zuhauses

Und nun ganz entspannt, fangen wir an. Zeichne einen groben Grundriss Deines
auszusortierenden Lebensraums (Hand-gelenk x Pi). **Es sind keine exakten
Maße notwendig!** Du musst auch kein Lineal zur Hilfe nehmen. Es reicht
vollkommen, wenn Du Deine Räume über den Daumen gepeilt skizzierst.

Es geht darum, dass Du Dir ein ungefähres Bild Deines Wohnraums machen kannst. Zeichne bitte auch Wohnteile ein, die nicht im Haupt-Wohnraum liegen wie Garten, Keller, Dachgeschoss, Parkplatz. Zeichne nur Wände, Kochbereich, sanitäre Anlagen und weitere, fest installierte Installationen ein (z.B. Einbauschränke). **Zeichne keine Möbel ein.**

Erstelle 2–3 Kopien dieses Grundrisses. Somit zeichnest Du in den nun folgenden Schritten Deine Ideen direkt darauf ein.

2. Schritt: Definiere Deine Emotionalen Bedürfnisse

Erinnerst Du Dich noch an den 10-Quadratmeter-Kubus aus dem ersten Teil dieses Kapitels? Und an die Erkenntnis, dass die meisten von uns mehr Raum und Besitztümer ihr Eigen nennen, als für die Abdeckung unserer Grundbedürfnisse notwendig wären?

Du hast Dir unterdessen bestimmt schon den einen oder anderen Gedanken zu den Vorstellungen und Wünschen bezüglich Deines zukünftigen Zuhauses gemacht. **Nun bringe diese Ideen aufs Papier!** Warum übersteigt Deine Wohnfläche die des Kubus' und warum befinden sich in Deinem Zuhause mehr Gegenstände als Bett, Kochgelegenheit und Waschbecken? Überlege Dir, welche Sehnsüchte, Passionen und Anforderungen Du an Dein Wunsch-Zuhause hast. **Was ist also neben dem üblichen Nutzen wie Dach über dem Kopf, Essen, Schlafen, Körperpflege der emotionale Zweck (Bedürfnisse) Deines persönlichen Zuhauses?**

Wenn es Dir Schwierigkeiten bereitet:

a. Die Emotionalen Bedürfnisse an Dein Zuhause in **Bildern zu visualisieren,**
b. **Dann lege Deine Aufmerksamkeit auf Gefühle**, die mit Deinem Sehnsuchts-Zuhause einhergehen:

Vielleicht spürst Du Freiheit, Lachen, Leichtigkeit, Geborgenheit, Ausgefülltheit oder Lebendigkeit beim Gedanken an Dein Wunsch-Zuhause.

Bist Du eher der auditive Typ?

c. Dann hörst Du allenfalls sogar eine Stimme oder ein Musikstück, welche/s Dein zukünftiges Zuhause mit Klängen umspielt.

Zum besseren Verständnis des Emotionalen Bedürfnisses haben wir 3 Beispiele (lilafarbene Box) in der Grafik auf Seite 44 aufgeführt:

a. Für ein Bild, das mit Deinen Emotionalen Bedürfnissen einhergehen könnte (z.B. eine Ruheoase)
b. Für ein Gefühl, das Deine Emotionalen Bedürfnisse ausdrücken könnte (z.B. Leichtigkeit)
c. Für ein Geräusch, ein Musikstück oder eine Stimme, das/die Deine Emotionalen Bedürfnisse beschreiben könnte (z.B. Wellenrauschen)

Wer weiß, vielleicht nimmst Du aber, nebst Bildern, Gefühlen oder Geräuschen, auch ganz etwas anderes wahr? **Sei gespannt auf Deine eigenen Impulse!**

Beispiel: „Majas Emotionale Bedürfnisse an ihr Zuhause":
Wenn ich an unseren neuen Lebensraum denke, **wird mein Herz ganz warm und wohlig.** Ich sehne mich nach einem lebendigen Haus für meine Familie und unsere Besucher. Aber auch nach einem Rückzugsort, der uns allen Entspannung und Ruhe bietet. Und nach einer kreativen und sprudelnden Oase sowie einen Wellness- und Kuscheltempel für meinen Mann und mich.

Jetzt schreib oder zeichne Deine Stichworte (Bilder, Gefühle, Geräusche u.a.) auf die Kärtchen. Pro Stichwort ein Kärtchen. Und zwar ohne lange zu überlegen. Geh also intuitiv vor. **Es gibt kein Richtig und kein Falsch!** Denn es handelt sich hier um Deine Wunschvorstellung. Schränke Dich nicht zu sehr ein. Prüfe nicht die Umsetzbarkeit. Du wirst sehen, wenn Du Dir erstmals zugestehst, Deine Wünsche auf Papier zu bringen, werden sich auf einmal ungeahnte Türen öffnen. Schreib und zeichne deswegen ganz ehrlich aus Deiner Seele heraus.

Wichtig zu wissen: Du brauchst max. 15 Minuten dazu!

Um die Emotionalen Bedürfnisse an Dein Zuhauses festzulegen, brauchst Du höchstens 15 Minuten. Schreib oder zeichne, ohne lange zu überlegen.

3. Schritt: Kreiere Deine zukünftigen Wohnbereiche

Nun wird es konkret! Du weißt bereits grob, wohin Du gehen willst, denn Du kennst jetzt Deine Emotionalen Bedürfnisse = **Deine Wohn-Vision.** Lege die Kärtchen mit Deinem Emotionalen Bedürfnis an Dein Zuhause vor Dir aus. Im folgenden Schritt wird es jetzt greifbarer. Du bestimmst nämlich, welche Wohnbereiche Du in Deinem Lebensraum haben willst, um Deine Emotionalen Bedürfnisse optimal widerspiegeln bzw. ausleben zu können. **Du leitest nun also aus Deinen Emotionalen Bedürfnissen Deine konkreten zukünftigen Wohnbereiche ab.**

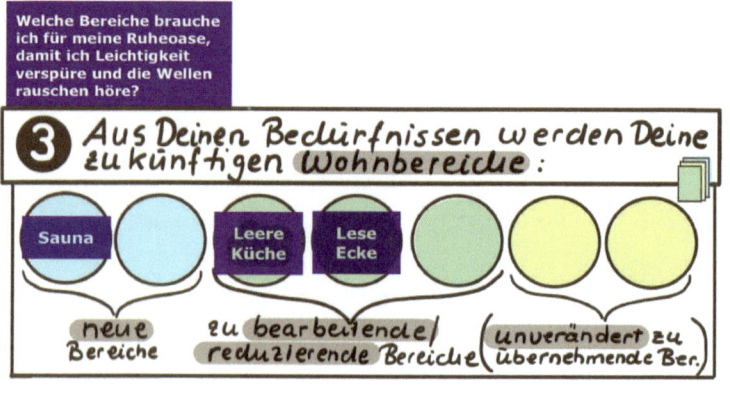

Bitte überprüfe auch an dieser Stelle nicht die Umsetzbarkeit, sondern orientiere Dich nach Deinen Herzens-Vorstellungen! Schreibe keine x-beliebigen „nice-to-have"-Bereiche nieder, sondern **erfasse ausschließlich Wohnbereiche, die Dir wirklich viel bedeuten.** Persönliche Bereiche, die Dein Herz höher schlagen lassen und große Leidenschaft in Dir hervorrufen. Das können sowohl neue als auch zu bearbeitende/reduzierende oder unverändert zu übernehmende Bereiche sein. **Hier ein paar Beispiele als Anregung:** „geruhsame Leseecke", „kreativer Bastelbereich", „inspirierender Proberaum", „entspannende Sauna", „belebender Sprudelbadbereich", „großzügige Essküche", „eigenes Wäschezimmer", „stylische Ankleide", „2 Kinderzimmer und separates Spielzimmer", „grüner und idyllischer Balkon".

Hinzu kommen Bereiche, **die zur Abdeckung Deiner rationalen Bedürfnisse unabdingbar sind.** Diese Bereiche müssen nur in einem minimalen, notwendigen Ausmaß vorhanden sein. Ein Beispiel: Nehmen wir an, Deine Wohnung umfasst einen großen Kochbereich. Deine Motivation zum Kochen ist jedoch begrenzt und beschränkt sich auf die notdürftige Zubereitung von belegten Broten und Salaten. Der übergroße Kochbereich bleibt oft unbenutzt. In diesem Fall nimmst Du den Kochbereich zwar als Bereich auf, bezeichnest ihn jedoch eindeutig als „minimalen Kochbereich".

Schreibe für jeden Bereich ein eigenes Kärtchen.
Unterteile die herausgearbeiteten Bereiche wie folgt:

Neue Bereiche (in unseren Skizzen die blauen Kärtchen):
Bereiche, die Du neu in Deinem Zuhause installieren möchtest. Wir haben als Beispiel für ein mögliches Emotionales Bedürfnis „Ruheoase" ermittelt. Zu einer „Ruheoase" gehört in unserer Vorstellung ein Saunabereich. Wir führen also den Bereich „Sauna" unter neue Bereiche auf.

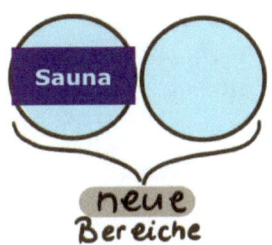

Anmerkung:

Es kann genauso gut sein, dass Du keine neuen Bereiche in Dein zukünftiges
Zuhause aufnehmen, sondern dass Du nur bestehende Bereiche bearbeiten bzw.
reduzieren willst.

Zu bearbeitende und reduzierende Bereiche (grüne Kärtchen): Das sind bereits
vorhandene Bereiche, die modifiziert bzw. reduziert werden sollen. Zu unserer
„Ruheoase" visualisieren wir nicht nur die Sauna, sondern auch eine „Leseecke"
und eine „freie Küchenarbeitsfläche". Beide Bereiche waren bereits in unserem
ursprünglichen Setup vorhanden.
Wir wollen diese Bereiche jedoch
anpassen, damit sie mit den Vorstellungen unserer Ruheoase einhergehen. Unter unserer „Leseecke"
können wir uns einen gemütlichen
Platz mit Sitzkissen und einem klei-

nen Regal nur mit unseren Lieblingsbüchern vorstellen. Auch in der Küche
möchten wir zukünftig Ruhe finden. So freuen wir uns auf eine von
Gegenständen befreite Arbeitsfläche.

Unverändert zu übernehmende Bereiche (gelbe Kärtchen): Bereiche, die
unverändert, also 1:1 übernommen werden können. Zum Zeitpunkt der
Planerstellung beabsichtigen die meisten RÄUM DICH FREI Willigen eine Vielzahl
ihrer Wohnbereiche unberührt in ihr neues, aufgeräumtes Zuhause zu
übernehmen. Also nicht zu bear-
beiten. Unsere Erfahrung zeigt, dass
diese als unverändert geplanten
Bereiche im Prozess des Umstruk-
turierens und Reduzierens dann
meistens doch nicht ganz unver-
schont bleiben. Deswegen haben wir
sie in Klammern gesetzt.

Zu eliminierende Bereiche (rote Kärtchen): Bereiche, die nicht mehr erforderlich sind und daher vollständig beseitigt werden können. Wir empfinden

den klobigen Schrank in unserem Wohnbereich als sehr besitzergreifend und ruhestörend. Der Schrank beheimatet nur unbenutztes Geschirr – ein Geschenk der Tante – und Dekogegenstände, die schon seit Jahren kein Tageslicht mehr gesehen haben. Deswegen wird dieser Schrank verkauft und der komplette Bereich aufgelöst.

4. Schritt: Zeichne Deine zukünftigen Wohnbereiche in den Grundriss

Diese Aufgabe wird nun etwas kniffelig. Vor allem aber sehr schön und erleichternd! Denn nun setzt Du Prioritäten und schälst die Bereiche heraus, die Du zukünftig und wirklich in Deinem Zuhause haben willst. **Du gestaltest nun also Deinen Lebensraum und selektierst jetzt Deine Lieblingsbereiche. Nämlich diejenigen, die Dein Zuhause wertvoll machen.**

Beispiel: „Julia verwirklicht ihre Wellness-Träume“:
Wir bleiben beim Thema Ruhe und Entspannung. Julia liebt Wellness und hat in Anlehnung an ihre Emotionalen Bedürfnisse für ihr Zuhause den neuen Bereich „Wasser-Wellness“ definiert. Die Fläche in Julias Badezimmer ist beschränkt. Das ganze Badezimmer rausreißen, um einen Wellnesspool zu installieren, scheint ihr dann doch etwas zu überdimensional. Julia zeichnet ihren Wellnessbereich trotzdem ein! „Wünsche sind da, um sie zu verwirklichen", denkt sie!

Denn Julia hat da so eine Idee ... Warum nicht einfach das Badezimmer und insbesondere die Badewanne von all dem unzähligen und meistens nicht mehr gebrauchten Krempel befreien? Dadurch Ruhe in den Raum hineinbringen? Kerzen besorgen? Und schließlich eine wohltuende Luftsprudelmatte in ihrer Badewanne installieren?

Voller Vorfreude beschließt Julia, genau das zu tun! Und so wird sie schon bald, ihre ganz persönliche Wellness-Oase in ihrem eigenen Zuhause genießen können!

Du siehst, die Möglichkeiten für die Realisierung Deiner Wünsche sind praktisch unbegrenzt! Wenn Du es denn wirklich willst.

Lass also altbekannte Vorstellungen und Einschränkungen hinter Dir. Aktiviere Deine Kreativität und erfreue Dich von nun an an Deinem inspirierenden, wohltuenden und befreienden neuen Zuhause!

4 Zukünftige Wohnbereiche in Grundriss (= Räume) einzeichnen.

Jetzt bist Du an der Reihe! Nimm Deinen Grundriss und zeichne all Deine herausgearbeiteten Bereiche ein. Zu wenig Freiraum, um alle Bereiche luftig unterzubringen? Mach Abstriche. Wähle nur diejenigen aus, die Dir am Herzen liegen. **Alle anderen Bereiche fallen einfach weg!**

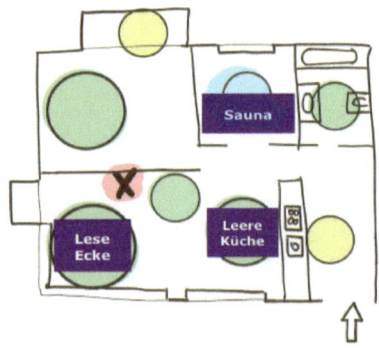

Wenn Dir die Auswahl schwerfällt, hole Dir einen Bleistift. Schau ganz entspannt auf Deinen Grundriss. Bist Du etwas angespannt? Dann mach noch einmal die Entspannungsübungen von Seite 45. Nun lass den Grundriss auf Dich wirken. Nimm den Bleistift in die Hand und vertraue ihm. Er wird langsam zu jenem Bereich gleiten, **der Dir am meisten am Herzen liegt.** Male ein Herz und die Zahl 1 in diesen Bereich. Dann lass den Bleistift weiter gleiten, bis zum nächsten Herzensbereich. Auch hier malst Du ein Herz und diesmal die Zahl 2. Führe diese Selektion mit den verbleibenden Bereichen fort, bis Du spürst, dass Dein gutes Gefühl nachlässt. Beziehungsweise bis Du nicht mehr mit einem ausschließlich guten Gefühl das Herzchen malen kannst. Vielleicht nimmst Du aber auch einen leichten Zweifel wahr. Wenn dieser Zeitpunkt da ist, **stoppe die Selektion!**

Nun schau Dir die noch verbleibenden Bereiche an. Lass Deinen Bleistift jetzt zu demjenigen Bereich gleiten, der am wenigsten schmerzen würde, wenn er nicht mehr da wäre. Wer weiß, vielleicht bist Du unbewusst sogar ein bisschen erleichtert, dass es für diesen Bereich keinen Platz mehr gibt? Streiche den Bereich und streiche weitere Bereiche, bis Du den gewünschten Freiraum in Deinem Lebensraum gefunden hast.

Du hast zu viele Herzensbereiche?
Bist Du wirklich sicher? Ja? Wie wäre es mit einer Verkleinerung von einem der Herzensbereiche? Bzw. mit einer Platz-Freigabe eines anderen Bereiches? Schau Dir dazu das Beispiel mit dem „minimalen Kochbereich" auf Seite 50 an. Hier könntest Du vielleicht Teile der unbenutzten Küche (Schränke etc.) an einen anderen Bereich zur Nutzung abgeben?

5. Schritt: Gleiche Deine erarbeiteten Bereiche mit Deinen Emotionalen Bedürfnissen ab und checke, ob die Bereiche logisch zusammenpassen

Alle Bereiche stehen fest? Gleiche nun die selektierten Bereiche mit Deinen Emotionalen Bedürfnissen an Dein zukünftiges Zuhause ab. Ist das stimmig? Wenn nein, führe entsprechende Anpassungen durch.

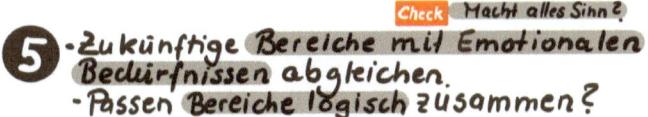

Überprüfe auch, ob alle Bereiche in demselben Raum logisch zusammenpassen = harmonieren (siehe Regel 3). Ein Beispiel für Bereiche, die logisch
nicht zusammenpassen, könnten „Bekleidung" und „Weiterbildung und Arbeit"
sein. **Auch hier gilt: verlass Dich einfach auf Dein Gefühl, welche Bereiche im
Einklang sind und welche nicht.** Bei disharmonierenden Bereichen in einem
Raum benutze Raumtrenner (Vorhänge, Stellwände, Regale, Schränke).

**Beispiel: „Raumtrenner in Peters neuem Jungs-
Raum":** Peter ist geschiedener Vater. Seine 2 Jungs (4 und 8
Jahre) sind jedes zweite Wochenende bei ihm. Bislang hatten
sie ihr eigenes Kinderzimmer. Während der Zeit zwischen den
Kinder-Wochenenden empfindet Peter dieses leere Zimmer
mit dem leeren Etagenbett als trostlos und traurig.

Im Rahmen der Überprüfung seiner Emotionalen Bedürfnisse an sein Zuhause,
kristallisieren sich 2, bislang aus Platzgründen unerfüllte, Passionen heraus:
Nämlich sein Faible für Billard und seine Begeisterung für das Gitarrenspiel.
**Peter weiß jetzt, dass er diese 2 Passionen nicht nur ausleben, sondern ihnen
auch einen festen Platz in seiner Wohnung geben will.**

Peter ist überglücklich über diese Erkenntnis. Voller Elan zeichnet er den Schlaf-
platz seiner Kinder in sein Schlafzimmer ein. Er wird die beiden Matratzen unter
seinem Bett lagern und an den Wochenenden neben sein Bett legen. **Jetzt
wandelt Peter das ehemalige „Kinderzimmer" in den neuen „Jungs-Raum" um.**
Der Billardtisch kommt in die Mitte des Raums, die Gitarre mit dem Gitarren-
stuhl ans Fenster und die Spielsachen der Kinder auf die Längsseite des neuen
Zimmers.

Damit jedes der 3 Themen im Raum seinen eigenen Bereich bekommt und das
Zimmer Harmonie erlangt, wird Peter den Raum mit hellen, lichtdurchlässigen
Vorhängen in eigene Bereiche unterteilen.

**Peter hat sich aus den bestehenden Gegebenheiten gelöst und basierend auf
seinen Bedürfnissen seine Wohnung neu konzipiert.**

Denke mal drüber nach: Plane nur für die nächsten 1–2 Jahre im Voraus.

> Du lebst jetzt und heute! Plane weder für Eventualitäten noch für in 5 Jahren. Wer weiß denn jetzt schon, was in 5 Jahren sein wird? Vielleicht haben sich Deine Lebensumstände komplett geändert? Oder Du hast dann Lust auf eine größere Veränderung? Erinnere Dich an das Beispiel von Peter. Vielleicht hat er in 5 Jahren eine neue Partnerin und wohnt mit ihr zusammen, in einer anderen Wohnung? Gedanken wie „Meine Kinder werden in 5 Jahren zu alt sein, um mit mir in einem Raum zu schlafen" sind zum heutigen Zeitpunkt hinderlich. Sie würden Peter vom Ausleben seiner Wünsche abhalten. Er würde sich um eventuelle Was-Wäre-Wenn-Szenarien kümmern und das Sorgetragen für sich und seine Bedürfnisse vernachlässigen.

6. Schritt: Definiere und überprüfe die Gegenstandsgruppen für Deine Bereiche

Nach dem Exkurs zu Peters Umstrukturierung zurück zu Deinem Plan. Scanne nun (bitte nur kurz) durch Deine zukünftigen Bereiche und prüfe die dazugehörenden Gegenstandsgruppen. Schreibe die Gegenstandsgruppen direkt auf die jeweiligen Bereiche-Kärtchen.

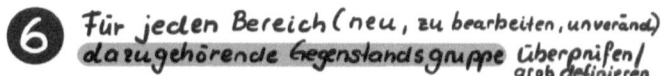

❻ Für jeden Bereich (neu, zu bearbeiten, unveränd) da~~zugehörende Gegenstandsgruppe~~ überprüfen/
grob definieren.

Schaue die zu bearbeitenden Bereiche (grün) an:
Notiere Dir pro Bereich rudimentär, welche Gegenstandsgruppen wegfallen und welche drastisch reduziert werden können.

Nun lege den Fokus auf die unverändert zu übernehmenden Bereiche (gelb):
Gibt es da vielleicht trotzdem Gegenstandsgruppen, die Du bearbeiten oder reduzieren kannst?

Schließlich definiere für die neuen Bereiche (blau):
die jeweiligen Gegenstandsgruppen

7. Schritt: Bestimme die End-Daten für den Abschluss der kompletten RÄUM DICH FREI Aktion und für die einzelnen Bereiche

Im letzten Schritt legst Du nun fest, bis wann Du Deine komplette RÄUM DICH FREI Aktion beendet und bis wann Du die Bearbeitung der einzelnen Bereiche abgeschlossen haben willst. Diese Deadlines sind sehr wichtig! **Nur so gibst Du Deinem Vorhaben einen genügend hohen Stellenwert und arbeitest konsequent auf Dein Abschlussziel hin!**

Bevor Du jedoch die End-Daten bestimmst, musst Du die **Reihenfolge für die Bearbeitung der einzelnen Bereiche festlegen.** Nimm dazu Deine Bereiche-Kärtchen und breite diese vor Dir auf dem Tisch oder am Boden aus.

Wir empfehlen, mit einem neutralen Bereich zu beginnen: **Mit einem Bereich ohne mit Erinnerungen oder Emotionen behafteten Gegenständen.** Nicht optimal sind: Andenken, Fotos oder Ähnliches. Nimmst Du Dir als frische/r RÄUM DICH FREI Motivierte/r zu Beginn einen solchen Bereich vor, ist die Einladung und damit die Gefahr groß, dass Du Dich in alten Erinnerungen verlierst.

Des Weiteren schlagen wir Dir vor, zuerst Bereiche zu bearbeiten, die wenig Kleinkram beinhalten. Sortierst Du nämlich Kleinkram aus, kommst Du nur langsam vorwärts. Bei einem Bereich mit größeren Gegenständen arbeitest Du zügiger und siehst schneller einen Erfolg. Das steigert Deine Motivation!

Marie Kondo empfiehlt, immer zuerst mit „Kleidung" zu beginnen und dann mit „Büchern", „Papieren" und „Haushalt" (Badezimmer- und Küchenutensilien, Werkzeugen usw.) fortzufahren. Am Schluss kommen die „Erinnerungsstücke". **Wir unterstützen diese Stoßrichtung, raten Dir aber, „Haushalt" vor „Papieren" zu bearbeiten.** „Digital" würden wir übrigens an den Schluss setzen.

Allübergreifend gesagt, gilt aber auch hier: **Höre auf Dein Gefühl und starte mit dem Bereich, auf den Du am meisten Lust hast!**

Sortiere nun Deine Bereiche-Kärtchen nach der Reihenfolge der Bearbeitung und vermerke das avisierte End-Datum direkt auf dem jeweiligen Kärtchen.

Reihenfolge klar? Daten niedergeschrieben? Sehr gut! Dein Plan ist erstellt!

Wie lange hast Du nun für die Planung gebraucht? 1–2 Stunden? Wunderbar. Etwas länger? Auch gut. **Du kommst nun immer mehr in den „Groove" und wirst schon bald im Zack-Zack-Modus Deine Wohnung und Dein Leben aussortieren!**

Wichtig zu wissen: **Die Entscheidung der Intuition ist schneller und richtiger als diejenige des Verstands.**

Wir regen Dich ja immer wieder zum Entscheiden basierend auf Gefühl und Intuition an. Erlaube Dir, während des Aussortierens und auch danach auf die Stimme Deiner Intuition zu hören. Du sortierst dann viel effizienter und tiefgreifender aus, als wenn Du kopfgesteuert vorgehst. Warum ist das so?
○ Die Intuition gibt Dir umgehend eine Rückmeldung: Das ist dieser berühmte erste „Gefühlsblitz". Du spürst ihn zusammen mit der tiefen Gewissheit, dass Du richtig liegst, binnen Millisekunden.
○ Der Verstand jedoch muss jede Entscheidung und jede Option gründlich abwägen (= darüber nachdenken/grübeln), bevor er irgendwann zu einem halbrichtigen Resultat kommt.

Was geht Dir durch den Kopf, wenn Du diese Ausführungen liest? „Bullshit" oder „Hat was"? Wäre es nicht spannend, dieses heute allenfalls noch ungewohnte Entscheidungsverhalten zukünftig Dein „normales" Verhalten zu nennen? Vielleicht magst Du Dich ja Schritt für Schritt und auch abseits des RÄUM DICH FREI Vorhabens auf dieses veränderte Verhalten einlassen? Probiere es einfach an kleinen Entscheidungssituationen im Alltag aus. **Ein Übungsbeispiel findest Du 2 Seiten weiter.**

Regel

6

„Ich vertraue bei meinen RÄUM DICH FREI Entscheidungen auf meine Intuition! Die leise Stimme aus meinem Inneren hilft mir auch zukünftig, mein **Zuhause und mein Leben nur noch mit wertvollen Gegenständen, Menschen und Aktivitäten zu bereichern.**"

Übungsbeispiel: Anwendung der Regel 6 im Supermarkt!

Du bist im Supermarkt, stehst vor dem langen Regal mit Brot und überlegst Dir: „Soll ich das leckere weiße Brot nehmen? Das mit dem luftigen Geschmack, der sich auf meinem Gaumen so schön verteilt? Oder doch besser das dunkle Körnerbrot, dessen Substanz mich weniger verzaubert, bei dem ich mich danach dafür wohltuend gesättigt fühle?"

Schließe Deine Augen. **Genau**: Die Augen schließen. Ignoriere die anderen Leute um Dich herum. Ignoriere, was diese Leute wohl denken könnten, wenn Du mit geschlossenen Augen vor dem Regal mit Brot stehst. Es spielt keine Rolle! **Denn es geht jetzt nur um Dich!** Nun lege die Abwägungen des Verstandes zu Leckerheit und Sättigungsgefühl auf die Seite. Diese Begründungen interessieren Dich nicht. Denn Du weißt unbewusst nämlich ganz genau, dass Entscheidungen, die auf den Argumenten des Verstandes basieren, sowieso nicht ganz richtig sind. Wenn Du das Weiße kaufst, vermisst Du die Sättigung, kaufst Du aber das Körnerbrot, ist das nicht so lecker. Nun hast Du also die Augen geschlossen. Nimm Deinen Atem bewusst wahr. Du weißt ja aus der Entspannungsübung (Seite 45) wie das geht.

Spüre im Zustand des „Bei-Dir-Seins" in Dich hinein. Visualisiere Dir Deinen Brot-Wunsch. Welches Brot taucht vor Deinem inneren Auge auf? Wie muss das Brot schmecken und wie in Deinem Bauch liegen, damit es Dich rundum glücklich macht? Weiß, Körner oder etwas ganz anderes?

○ **Weiß?** Kauf und iss das Weiße und zwar mit einem rundum guten Gefühl! Denn Du hast Dich bewusst für das Weiße entschieden.
○ **Körner?** Kaufe und genieß das Körnerbrot und zwar ebenfalls bewusst und mit einem ausschließlich guten Gefühl!
○ **Ein ganz anderes Brot?** Dieses Brot gibt es hier nicht? Lass die Finger vom Weißen und vom Körnerbrot! **Dein Leben ist zu kurz für schlechte Brote!**

Selbst wenn Dir dieses Entscheiden, basierend auf der Intuition, am Anfang noch schwerfallen mag: Übe weiter! **Es wird Dir immer leichter fallen, den Verstand mit seinen Begründungen und seinen Insistierungen knallhart links liegen zu lassen! Und dann die Ruhe zu spüren, um Dich ganz bewusst und basierend auf Deinem wahren Bedürfnis für das wirklich Richtige zu entscheiden!**

Als Abschluss der Planphase hier noch ein Beispiel als Anregung zur Verkleinerung oder Eliminierung von Bereichen.

Beispiel: „Das veränderte Emotionale Bedürfnis von Mona und Thomas führt zur Eliminierung ihres TV-Bereichs": Im Wohnzimmer von Mona und Thomas hängt ein großer Fernseher. Im Sideboard daneben befinden sich Hunderte von DVDs. Ständen die DVDs in offenen Regalen, wären sie mittlerweile mit Staub bedeckt, denn beide gucken kaum noch TV, geschweige denn DVDs. Lieber schauen sie sich ausgewählte Sendungen auf dem iPad an oder gehen für einen guten Film ins Kino. Macht dieser brachliegende Fernsehbereich überhaupt noch Sinn? Oder ist das wertvoller Platz, der anders genutzt werden bzw. leer bleiben könnte, um dem Wohnzimmer mehr Freiraum zu geben?

Bevor Maja und Thomas mit ihrer RÄUM DICH FREI Aktion starten, machen sie sich grundlegende Gedanken zu den Emotionalen Bedürfnissen an ihr Zuhause und zu ihren Bereichen. Begännen sie einfach mit Aufräumen, dann würden sie, wenn es gut kommt, ganz zufällig einen großen Teil ihrer DVDs entsorgen. Sie würden aber mit größter Wahrscheinlichkeit **während des Aufräumens** nicht das Emotionale Bedürfnis oder den Sinn ihres Fernsehbereiches infrage stellen.

Deswegen **begibst Du Dich bereits vor dem Aussortieren** in die Vogelperspektive und legst fest, wohin Du gehen willst. Mona und Thomas spüren, dass sie ihren TV-Bereich quasi schon stillgelegt haben und dass es nicht schmerzen würde, ihn komplett zu eliminieren. Mit dieser grundlegenden Erkenntnis, tauchen die beiden nun in die Details des Aussortierens ein.

Und jetzt, reich an Beispielen, **mit einem zielgerichteten Plan in der Tasche** und voller Tatendrang, zurück zu Dir.

Platz für Deine Erkenntnisse und Notizen

Die Vorbereitung

Du hast den wichtigen Grundstein für Deine Ausrichtung gesetzt!

Du weißt, wohin Du Dich bewegen, in welcher Reihenfolge und bis wann Du welche Bereiche bearbeiten willst.

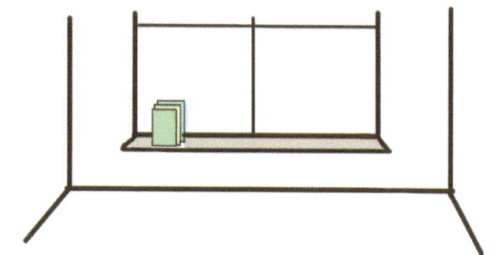

Platziere nun die Bereiche-Kärtchen in die dazugehörenden Räume. Mit dieser physischen Präsenz der Kärtchen im Raum hast Du Dein Ziel stets in Deinem Fokus. **Das war der planerische Teil.**

Nun wechseln wir zur **operativen Vorbereitung Deines Vorhabens**. Die Vorbereitung findet je nach Größe Deiner Aktion kurz vor oder, wenn Du nur einen kleinen Bereich bearbeiten willst, direkt am Tag der Aussortier- und Einordnungsaktion statt.

1. Schritt: Reserviere Priorität und Zeit für Dein Vorhaben

Priorität: Gib Deinem Vorhaben eine hohe Wichtigkeit. Es geht um Dich! Um Dein Zuhause und Dein Wohlbefinden. Je höher die Wichtigkeit, die Du Deinem Projekt zuteilst, desto engagierter kümmerst Du Dich darum.

Und desto glücklicher und befreiter wird Dich das Endergebnis stimmen!

Wichtig zu wissen: Habe ich zurzeit überhaupt genügend Kapazitäten, um mein Aussortiervorhaben durchzuziehen?

Du hast leichte, unterschwellige Zweifel oder auch noch die eine oder andere Abneigung, wenn Du an Dein Vorhaben denkst: „Lohnt sich denn dieser Zeitaufwand wirklich? Eigentlich habe ich für die nächsten Wochen wichtigere Dinge als Aufräumen auf meinem Zettel." Schau Dir ab Seite 207 die Bedenken anderer RÄUM DICH FREI Interessierten und Lösungsvorschläge dazu an.

Zeit: Nun ist es aber nicht nur ausschlaggebend, die Priorität für das Gesamtvorhaben, sondern auch die **konkreten** Zeitblöcke der einzelnen Aus- und Einsortier-Einheiten festzulegen.

Dies gilt insbesondere für das Aussortieren und Einordnen von umfangreichen und komplexen Bereichen. Erhöhe die Relevanz. **Blockiere Dir konkrete Termine in Deinem Kalender!** Stelle sicher, dass Du während dieser Zeit komplett ungestört bist!

Das bedeutet, Kinder sollten während der Aufräumzeit von jemand anderem betreut werden. Wir raten Dir auch, Türklingel und Handy auszuschalten, sodass Du Dich vollumfänglich auf die Arbeit einlassen und auch konzentrieren kannst.

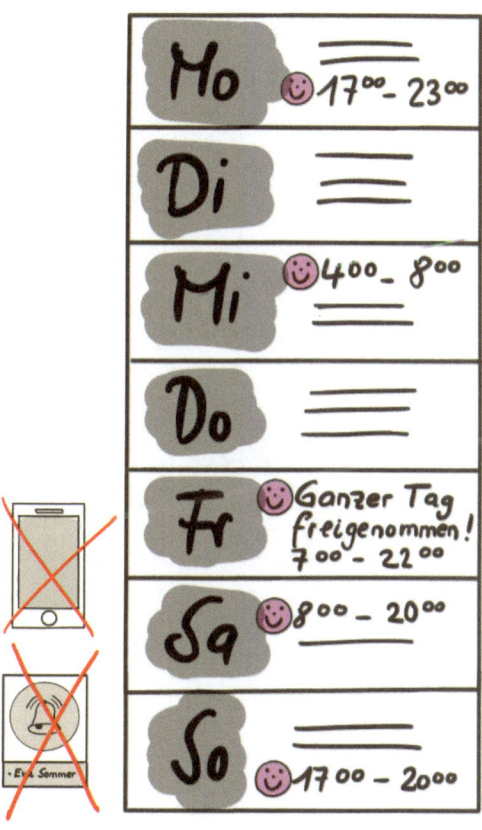

Nachtmenschen sortieren auch gerne mal nachts, weil sie dann eine lange Phase von ungestörter Stille vor sich liegen haben.

2. Schritt: Besorge Dir Entsorgungsbehälter, Ordnungshilfen und Aufräumhelfer

Du hast die zu bearbeitenden Bereiche herauskristallisiert und Deinem Vorhaben die ihm zustehende Priorität und Zeit zugeteilt. Doch bevor Du loslegen kannst, musst Du noch ein paar wichtige Hilfsmittel besorgen bzw. organisieren. **Denn mit diesen Hilfsmitteln an Deiner Seite wickelst Du den Kern Deines Vorhabens (nämlich das Aussortieren und neu Einordnen) motiviert, schnell und tiefgreifend ab.**

Entsorgungsbehälter:

Entsorgungsbehälter sind geeignete Gefäße, in denen Du die aussortierten Gegenstände sammelst, damit Du diese anschließend zur Entsorgung, zum Verkauf oder zur Wiederverwendung bringen kannst. Einen Vorschlag, welcher Behälter für welche Abfallart geeignet sein könnte, findest Du im Kapitel 5.3 auf Seite 182.

Liste Entsorgungsbehälter:

- Kisten
- Kartons
- Körbe, z.B. Wäschekörbe
- Große Einkaufstaschen, Säcke
- Müllsäcke: 120 Liter, extra
  reißfest (mit Zuziehband)

Ordnungshilfen:

Ordnungshilfen sind Hilfsmittel, die Dich beim logischen und einfachen Einsortieren und zukünftigen Ordnunghalten unterstützen. Hierzu zählen zum Beispiel Kleiderbügel, um Kleidungsstücke aufzuhängen, oder Schachteln, Boxen und Körbe, um Gegenstände einzusortieren und ordentlich zu versorgen, aber auch Bilderrahmen, Boards und Ordner, um Karten, Papierschnipsel und kleine Gegenstände anzustecken oder einzukleben. Ebenfalls zu den Ordnungshilfen gehören Klammern aller Art, z.B. Foldback- oder Wäscheklammern. Diese verwenden wir, um Tüten wieder zu verschließen. Wir lieben die Foldback-Klammern. Du kaufst diese im Büromaterialgeschäft. Es sind diese schwarzen Teile, mit silbernen Umklapp-Drähten. Zu Ordnungshilfen zählen wir auch Haken (Kleider- oder Anklebehaken).

Kleiderbügel:

Achte auf wertige und einheitliche Kleiderbügel! Wir empfehlen Holz-kleiderbügel. Diese gibt es preiswert, z.B. bei IKEA. Durch die Einheitlich-keit entsteht Ruhe im Kleiderschrank. Die Hochwertigkeit der Holzkleider-bügel gibt jedem Deiner Lieblings-kleidungsstücke den letzten Kick an Edlem und Besonderem! Damit holst Du Dein exklusives Modegeschäft zu Dir nach Hause. **Deshalb sind Holz-kleiderbügel unserer Ansicht nach eine absolut lohnende Investition!**

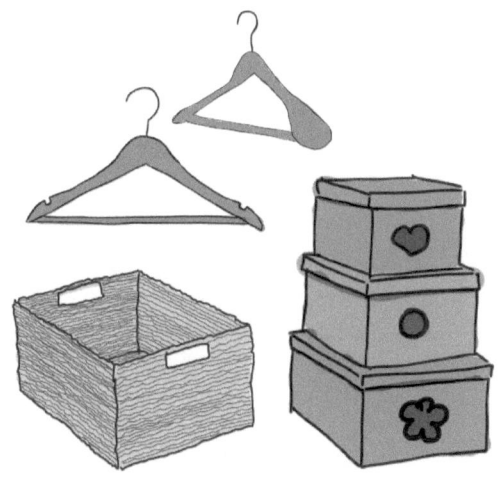

Schachteln, Boxen und Körbe:

Die Schachteln, Boxen und Körbe, die Du in Schränken, Regalen und Schubladen als Ordnungshilfen einsetzen wirst, solltest Du persönlich als schön, stilvoll und als etwas Besonderes wahrnehmen. Schuhschachteln sind übrigens sehr gut als Ordnungshilfe geeignet. Gefällt Dir deren Aufmachung nicht, besraye sie oder kleide sie mit Seidenpapier aus. Die Gefäße sollten innerhalb des gleichen Bereiches eine Linie haben. Die Schachteln, Boxen, Körbe und Kisten für den Keller kannst Du etwas vernachlässigen. Mit Betonung auf „etwas", denn auch diese sollten zusammen harmonieren. Selbst wenn Du Deckel von Schachteln und Boxen zurzeit noch nicht benötigst, wirf diese Deckel nicht weg. Du kannst sie nämlich wunderbar als Ordnungshilfe für kleine Gegenstände benutzen (Küchenutensilien, Utensilienbox usw.).

Liste Ordnungshilfen:

○ Kleiderbügel (wertig und einheitlich)
○ Schachteln, Boxen, Körbe (schöne)
○ Bilderrahmen, Boards, Ordner
○ Klammern (Foldback-, Wäsche-
    klammern)
○ Haken

Aufräumhelfer:

Unter Aufräumhelfern verstehen wir Hilfsmittel, die Dich bei Deiner Kernarbeit, dem Aus- und Einsortieren, unterstützen:

a. **Dazu gehören die Gegenstände der Aussortierstation:** 5 Tücher (bunte Tücher wären gut). Hast Du keine großen Tücher, geht auch ein Seil oder eine dicke Schnur. Von den Tüchern solltest Du 3 große bzw. sehr große haben und 2 kleinere. Wenn Du während dem Aussortieren sitzen möchtest, benötigst Du auch eine Matte und eine Sitzhilfe (z.B. Kissen).

b. **Ganz hilfreich sind Einsammel-Behälter** wie große Kisten und Körbe bzw. Säcke. Diese erleichtern Dir die Einsammlung von Gegenständen aus den unterschiedlichen Bereichen. Ebenfalls unterstützen Dich große Kisten und Körbe bei der Zwischenlagerung von Gegenständen (bis diese dann endgültig einsortiert werden).

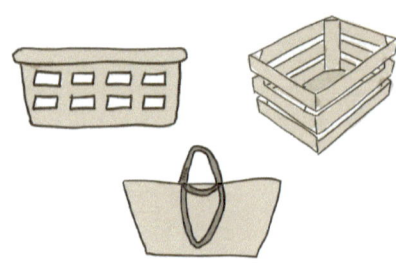

c. **Außerdem solltest Du grundlegende Putzutensilien zur Hand haben** wie 3 Mikrofaserlappen, einen kleinen Eimer mit Wasser, einen Staubsauger und je nach Bereich auch ein entsprechendes Reinigungsmittel.

d. **Zur mentalen „Reinigung" und zum „Energetisieren" Deiner Räume sind Frischesprays eine wundervolle Sache.** Wir lieben die natürlichen und positiven Körpersprays von treaclemoon: „Soft Watermint Rain" für die Reinigung und „Exotic Lychee Sorbet" für das „Energetisieren". Einfach ein Traum! Und das, obwohl wir keine Parfums und dergleichen mögen! Hast Du bereits ätherische Öle zu Hause, erstelle Dein eigenes Frischespraywasser. Du weißt ja: Bevor Du etwas Neues kaufst, schau doch, was Du bereits zu Hause hast. Ganz angenehm duftet übrigens Rosenwasser oder ein selbst erstelltes Wasser mit Orangen-, Zitronen- und Zimt-Essenzen.

e. **Sortierst Du den Bereich „Bekleidung" aus,** so raten wir Dir zu einem Fussel-Roller und einem Fussel-Rasierer. Oft können mit diesen Gadgets nicht mehr so schön daherkommende Lieblingsstücke wieder heil gemacht werden. Klar gibt es auch die günstige Variante des altbekannten Papierklebe-Fussel-Rollers. Wenn Du damit klarkommst, benutze diesen. Wir sind jedoch keine großen Fans von diesen Dingern. Stattdessen haben uns die spielend leicht und verblüffend sauber arbeitenden Fussel-Roller bzw. -Rasierer schwer beeindruckt! Möchtest Du diese lohnende, langfristige Investition tätigen, empfehlen wir den elektrischen Fussel-Rasierer von MARSKE bzw. den Fussel-Roller Multi-Use Etiquette von Paku Paku.

f. **Sollte sich in Deinen Ansammlungen eine aufstellbare Kleiderstange befinden? Super!** Dann kommt sie jetzt zum Einsatz, um die ausgewählten Kleidungsstücke zwischenzuhängen.

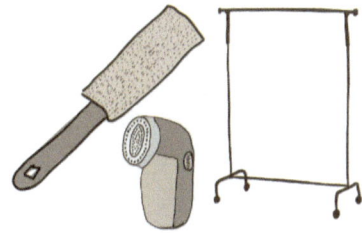

3. Schritt: Baue Dir Deine Aussortierstation

Wir greifen vor und besprechen bereits jetzt Deine Aussortierstation. **Sie ist der Dreh- und Angelpunkt** während der mittlerweile sicher schon mit Spannung erwarteten Aussortiertätigkeit. In dieser Station entscheidest Du über die Zukunft Deiner Gegenstände. Bleibt der Gegenstand bei mir? Oder geht er weg?

Deine Aussortierstation besteht aus:

○ einer **Abgrenzung**: Tücher, Seile oder dicke Schnur
○ einer **Sitzmöglichkeit**: Matte oder Decke, wenn notwendig Sitzhilfe wie Kissen
○ den **Entsorgungsbehältern**: Kisten, Kartons, große Körbe, große Einkaufstaschen, Säcke, Müllsäcke

Sorge dafür, dass Du genügend Platz für Deine Aussortierstation reservierst. Platziere die Station in der Nähe, aber außerhalb des aktuell auszusortierenden Bereiches. Wenn Du also den Bereich „Essen" aussortierst, dann baust Du Deine Station auf dem Flur vor der Küche auf. Wenn Du eine genügend große Küche hast, kannst Du sie natürlich auch auf dem Küchenboden aufbauen. Verschiebe, wenn nötig, Esstisch und Stühle im Raum.

Baue Deine Aussortierstation analog der auf der nächsten Seite folgenden Skizze auf. Zur besseren Illustration haben wir jedem Tuch eine Farbe gegeben. Halte die Anordnung der Tücher ein – dann geht alles in einem Fluss.

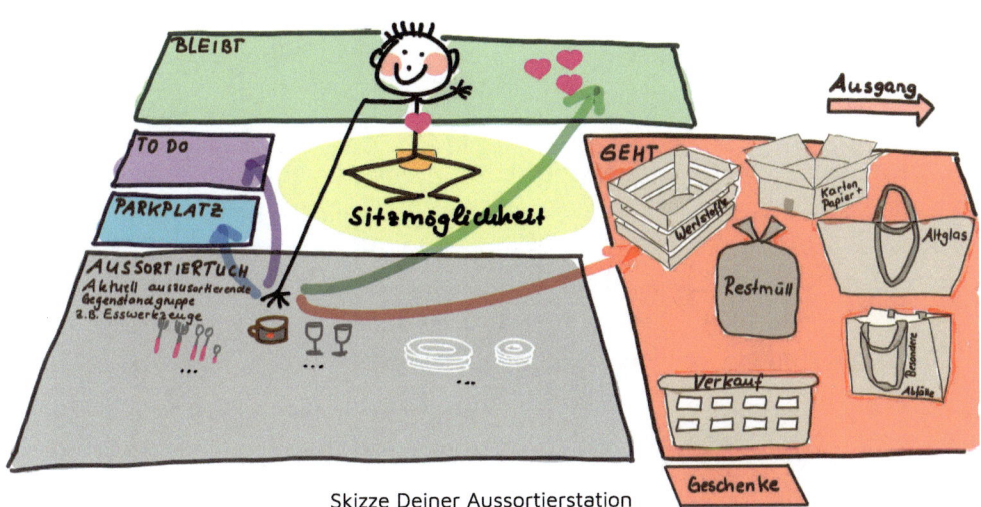

Skizze Deiner Aussortierstation

Die Tücher werden so angeordnet, dass das grüne Bleibt-Tuch am nächsten zum aktuell auszusortierenden Bereich liegt.

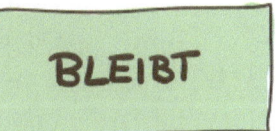

Gegenüber dem grünen Tuch, also am weitesten weg vom aktuell auszusortierenden Bereich, liegt das graue Aussortiertuch. Dieses Tuch ist das verhältnismäßig größte Tuch.

Damit Du die Gegenstände zur Entsorgung leicht wegbringen kannst, sollte sich das rote Geht-Tuch zum Ausgang hingerichtet befinden.

Das lilafarbene To-Do-Tuch befindet sich genauso wie das
blaue Parkplatz-Tuch gegenüber des
Geht-Tuches, wobei das Parkplatz-
Tuch neben dem Aussortiertuch und
das To-Do-Tuch neben dem Bleibt-
Tuch liegt.

Auf dem roten Geht-Tuch platzierst Du Deine Entsorgungsbehälter. Setze
diejenigen Behälter ein, die Du gerade zur Verfügung hast. Wir haben ja im
vorherigen Schritt schon darüber gesprochen. Vielleicht findest Du noch alte
Kartonschachteln, die Du sowieso schon lange entsorgen wolltest. Aber auch
Wäschekörbe, Plastikeinkaufstaschen oder IKEA-Säcke eignen sich sehr gut als
Entsorgungsbehälter. **Es empfiehlt sich, zusätzlich große Müllsäcke (120 L)**

bereitzulegen. Wenn Du haupt-
sächlich Müllsäcke als Entsorgungsbehälter zur Verfügung hast,
kennzeichne jeden Müllsack eindeutig mit der jeweiligen Abfallart,
z.B. mittels Beschriftung oder
farbigem Klebeband. Dann musst Du
nicht immer nachgucken, welcher
Entsorgungsbehälter für welche Abfallart bereitsteht.

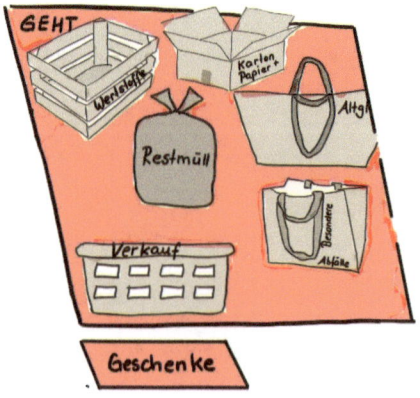

Tipp der Autoren: Entsorgung

In der Tabelle auf Seite 182 haben wir als
Idee aufgelistet, welche Entsorgungsbehälter für welche Abfallart geeignet
sein könnten und wie Du die gängigsten
Abfallarten entsorgst.

**Nebst den Entsorgungsbehältern befinden sich auf dem roten Geht-Tuch auch
die Verkaufsgegenstände.** Für diese Gegenstände eignen sich ebenfalls die oben
erwähnten Entsorgungsbehälter.

Tipp der Autoren: **Verkaufen statt wegwerfen**

Du tendierst aus Zeitgründen dazu, alle Gegenstände wegzuwerfen, statt „mühsam" zu verkaufen? Bitte überlege Dir das ganz genau. Wir möchten Dich aus eigener Erfahrung heraus dazu animieren, Dir zumindest die **Online-Verkaufsplattformen für Bekleidung und Bücher anzuschauen**. Ich, Daniela, habe bei meinen früheren, großen Aussortieraktionen Hunderte oder besser Tausende von Euro in den Müll gekippt. Weil ich, ohne Nachzudenken, Hunderte von Büchern ins Altpapier und Hunderte von Kleidungsstücken zur Altkleidersammlung gegeben hatte.

Mich hatte damals der Verkaufs- und Versandaufwand so richtig abgeschreckt. Mittlerweile gibt es aber ganz tolle Online-Re-Commerce-Portale, die Dir die mühsame Arbeit abnehmen. Probiere es wenigstens aus. Weitere Informationen zu Online-Verkaufsplattformen findest Du im Teil „Entsorgen" auf Seite 105.

Gegenstände für gemeinnützige Organisationen, z.B. Altkleidersammlung, teilst Du ihren eigenen Entsorgungsbehälter auf dem roten Geht-Tuch zu.

Verschenkst Du Sachen an Familienmitglieder oder Bekannte, wähle max. **1–2 Beschenkte** aus, ansonsten wird Dein Koordinationsaufwand zu groß. Frage die Beschenkten vor dem Aussortieren, ob sie eventuelle Gegenstände überhaupt haben wollen. Am besten vereinbart Ihr auch schon ein Datum für die Abholung oder die Übergabe der Geschenke. Du willst ja den Gegenstand nicht wochenlang in Deinem Zuhause stehen lassen. **Die Geschenke platzierst Du neben dem roten Geht-Tuch.**

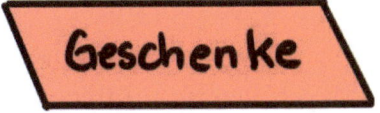

Und nun zu Deinem persönlichem Sitzplatz innerhalb der Aussortierstation: Richte Deine Sitzmöglichkeit zwischen den Tüchern in der Mitte der Aussortierstation ein. Natürlich kannst Du auch stehen, doch die Erfahrung zeigt, dass Entscheidungsfreudigkeit und Aussortiergeschwindigkeit höher sind, wenn Du inmitten der auszusortierenden Gegenstände sitzt.

Sollte Dich jetzt die Vorstellung, auf Deinen Knien oder im Schneidersitz sitzen zu müssen, abschrecken, versuche es doch mit einer Sitzhilfe. **Das kann z.B. ein Kissen oder ein Yogawürfel sein.** Richte Deinen Sitzplatz so ein, dass Du Dich wohlfühlst und Deinen Blick entspannt auf das Aussortiertuch richten kannst.

4. Schritt: Gleite in die optimale mentale Stimmung

Idealerweise führst Du diesen Schritt direkt vor dem Aussortieren durch. Die optimale mentale Stimmung, auch Flow-Zustand genannt, **ist der Schlüssel zum gründlichen und richtigen Aus- und Einsortieren.**

Optimale mentale Stimmung bedeutet, dass Du während dem Aus- und Einsortieren komplett auf diese Tätigkeit fokussiert bist und dabei Ruhe, Freude und Klarheit verspürst. **Lässt Du Dich auf den Flow-Zustand ein, so wird Dein Verstand mit seinen Gedanken, Begründungen und Interventionen ruhiger werden.** Und dann bist Du in der Lage, Dich mit Deiner Intuition zu verbinden **> siehe auch Regel 6.**

Tipp der Autoren: Audio-Tool

Für die optimale Einstimmung zum Aufräumen empfehlen wir Dir unser Audio-Tool „Loslassen leicht gemacht". Kostenlos zum Download unter: www.raeum-dich-frei.de/audio.

Durch diese Verbindung spürst Du besser, welche Gegenstände Dir wirklich guttun und Du weiterhin im Kreise Deiner „Besitztümer" haben möchtest. Genauso spürst Du aber auch deutlich, wenn Du einen Gegenstand, wenn Du ehrlich bist, nicht mehr haben willst.

In diesem Zustand der mentalen Entspannung fällt Dir nicht nur die Entscheidung Geht oder Bleibt, sondern auch das Loslassen von nicht mehr gewollten Gegenständen auf einmal ganz leicht.

In den optimalen Entspannungszustand (Flow) gleitest Du, wenn Du folgende 3 Regeln auf den nächsten Seiten beachtest:

Regel **7**

„Ich stelle sicher, dass ich während des Aussortierens und Einordnens nicht gestört werde. Dadurch kann ich konzentriert arbeiten und bleibe im Flow."

Regel **8**

„Ich baue meine Aussortierstation logisch und an einem Ort mit genügend Platz auf, sodass ich effizient aussortieren kann."

Anmerkung:

Während des Aussortierens gibt es kaum etwas Mühseligeres, als dauernd überlegen zu müssen, wohin Du den Gegenstand legen sollst. Ebenfalls einschränkend ist es, wenn Du nicht genügend Platz für die Aussortierstation eingeplant hast und immer Möbel rücken oder über die am Boden aufgetürmten Gegenstände klettern musst.

Regel **9**

„Ich gleite bewusst in den optimalen Zustand der Entspannung."

Anmerkung:

Wir haben Dir auf Seite 45 bereits 2 Entspannungsübungen vorgestellt. Vor Beginn der Aktion führst Du diese oder sehr gerne auch eigene Entspannungstechniken durch. Alternativ nutze einfach unser Audio-Tool „Loslassen leicht gemacht". Kostenlos zum Download unter: www.raeum-dich-frei.de/audio.

Die Vorbereitung auf einen Blick

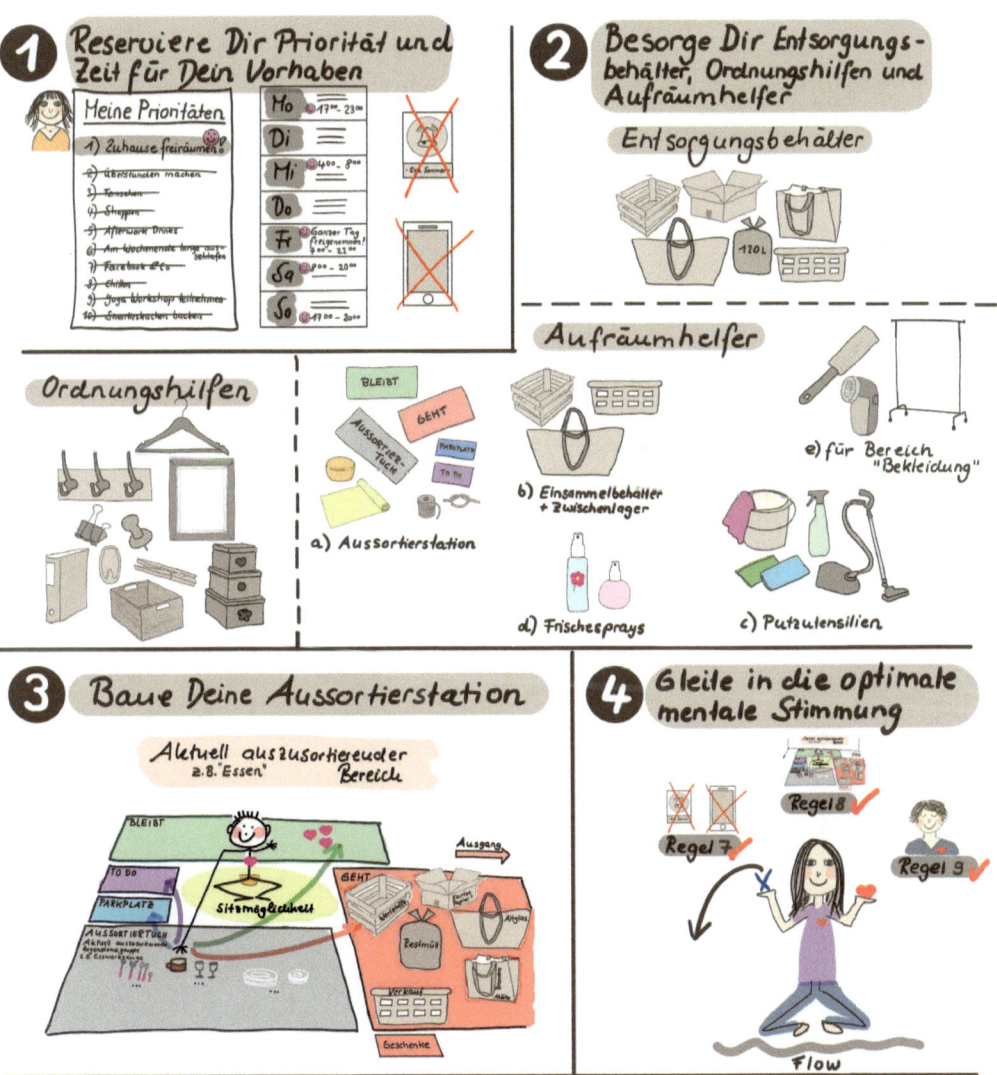

Die Durchführung

Deine Aussortierstation ist neben dem als erstes auszusortierenden Bereich aufgebaut. Du bist in optimaler mentaler Stimmung und kannst es hoffentlich kaum erwarten, nun Deinen Plänen Taten folgen zu lassen!

Bevor wir es vergessen, noch ein Wort zu Deiner Kleidung: Diese sollte bequem, doch würdevoll sein. Genau! Denn nun erwartet Dich eine sehr ehrwürdige Tätigkeit. **Bereit? Es geht los!**

Aussortieren

Wir führen Dich nun Schritt für Schritt durch den Aussortierprozess. Um Dir eine möglichst praktische Darstellung zu geben, verweisen wir im Folgenden immer wieder zu unserem **Beispielbereich „Essen"**. Dieser setzt sich für uns zusammen aus den Gegenstandsgruppen:

„Aufbewahrung"   „Backutensilien"   „Esswerkzeuge"
„Getränke"   „Kochbücher"   „Kochgeräte"
„Kochmesser"   „Kochutensilien"   „Tiefgekühltes"
„Lebensmittel gekühlt"   „Lebensmittel haltbar"   „Gewürze"
„Tee", „Schneidebretter" „Schüsseln"   „Töpfe und Pfannen"

Zwischenfrage: Welche Gegenstandsgruppe innerhalb Deines Bereiches wirst
                   Du als erstes bearbeiten?

Wir empfehlen Dir mit einer Gegenstandsgruppe zu beginnen, die einfach auszusortieren ist und dessen Gegenstände Du magst. Wir haben uns für die Gegenstandsgruppe „Esswerkzeuge" entschieden.

„Esswerkzeuge" enthält bei uns „Besteck", „Geschirr" und „Gläser" (siehe auch Zuordnungsmatrix im Kapitel 5.3 auf Seite 172).

Wenn Du einen kleinen Bereich mit wenig Gegenständen bearbeitest, musst Du nicht nach Gegenstandsgruppen vorgehen, sondern **kannst die Gegenstände des gesamten Bereiches in einem Rutsch bearbeiten.**

1. Schritt: Einsammeln
Ich sammle ALLE Gegenstände innerhalb der zu bearbeitenden Gegenstandsgruppe ein.

a. Jetzt darfst Du Dich bewegen. Nimm Deinen **Einsammelbehälter** (Wäschekorb, Kiste u.a.) und sammle alle **Gegenstände der aktuell zu bearbeitenden Gegenstandgruppe ein** (bzw. bei einem kleinen Bereich alle Gegenstände des Bereiches). Wir sammeln also alle „Esswerkzeuge" ein.

b. Platziere die Gegenstände auf dem **grauen Aussortiertuch.** Sortiere die **gleichartigen Gegenstände in Gruppen**: Wir sortieren nach Wein-, Wasser-, Schnapsgläsern, Tassen, kleinen und großen Tellern, Anrichteplatten, Besteck, Salatbesteck etc. Sortiere, ohne lange zu überlegen.

Du weißt schon:
Gehe rein intuitiv vor!
Bei einer großen Anzahl von Gegenständen (z.B. Bekleidung) lege Gruppe um Gruppe einzeln auf das Aussortiertuch.

Wichtig zu wissen: ausnahmslos alle Gegenstände einsammeln!

Sammle unbedingt alle, in diese Gegenstandsgruppe hineingehörenden Gegenstände ein. Denke auch an vergessene Gegenstände. In unserem Fall könnte das nostalgisches Geschirr unserer Oma auf dem Dachboden oder das Ersatzbesteck im Keller sein.

2. Schritt: Vorselektion

Ich picke meine **Lieblingsstücke** heraus.

a. Nun setz Dich auf Deinen Platz in der **Mitte der Aussortierstation.** Richte Deinen Blick auf das graue Aussortiertuch. Lege Deinen Fokus auf die **erste Gruppe von Gegenständen.** Wir fokussieren uns auf die Gläser und zwar auf alle Arten von Gläsern, also auf Wein-, Wasser- und Schnapsgläser. Lass diese Gegenstände auf Dich wirken.

b. Du hast jetzt die wunderbare Möglichkeit, Dir ganz spontan diejenigen Gegenstände herauszupicken, die Dich voller Begeisterung anspringen. Die, die Du so richtig liebst! Also **Deine absoluten Lieblingsstücke!** Gegenstände, die Dir jedes Mal große Freude oder **ein gutes Gefühl geben,** wenn Du diese siehst oder sie benutzt.

Check für Dich: **Spürst Du die Vorfreude auf die wunderbare Aufgabe?**

Ja, freue Dich so richtig darauf! Sei aufgeregt! Denn was gibt es Schöneres, als ganz wählerisch nur diejenigen Sachen zu selektieren, die Dich vor Freude in den Bann ziehen.

Diesen einen Gegenstand auszuwählen, weil Du genau ihn liebst. Weil er Dich glücklich macht, wenn Du seine Schublade öffnest und er schön eingeordnet vor Dir liegt.

Auf den Du Dich freust, wenn Du ihn benutzen darfst. Den Du von Herzen wertschätzt, selbst wenn er geldmäßig einen geringen Wert hat.

Und einen Gegenstand, für dessen Dasein im Kreise Deiner Besitztümer Du ausschließlich dankbar bist.

Exkurs: Was sind denn überhaupt Lieblingsstücke?

Bei Menschen, die am Anfang des Aufräumprozesses stehen, machen die absoluten Lieblingsstücke nur einen kleinen Anteil aller sich in ihrem Besitz befindenden Gegenstände aus. Dieser Anteil der Lieblingsstücke liegt bei höchstens 10 bis 35 %. Ziel Deines Vorhabens ist es, na klar, einen 100 %-igen Anteil von Lieblingsstücken zu erreichen! Vielleicht schaffst Du das noch nicht in einem Go und nicht bei Deiner ersten Aktion. Macht nichts. Bereits ein Anteil von 65 % an Lieblingsstücken (zwei Drittel) ist doch eine **erleichternde Vorstellung!**

Lieblingsstücke würdest Du kaum und wenn, nur an sehr gute Freunde verschenken. Bei Kleidungsstücken ist es einfach, die Lieblingsstücke herauszuschälen. Doch Lieblingsstücke gibt es in allen Bereichen.

Lieblingsstücke müssen nicht teuer und auch nicht zwingend ästhetisch schön sein. Sie können auch einen rein funktionalen Charakter haben, der sie zu Deinem Lieblingsstück macht.

Beispiel Daniela: „Selbst funktionale Gegenstände können Lieblingsstücke sein."

Ein absolut funktionales Lieblingsstück von mir ist Robbi. Robbi ist unser Staubsauger-Roboter. Jede zweite oder dritte Nacht fährt Robbi aus seiner Abstellkammer heraus und saugt gewissenhaft unsere Wohnung. Am nächsten Morgen steht er, nach getaner Arbeit, zufrieden in seiner Ladestation. Er wartet darauf, dass wir ihn loben (das bilden wir uns zumindest ein) und dann seinen Staubbehälter entleeren. Wenn ich Robbi sehe, bin ich so dankbar, dass er bei uns ist. Robbi ist eines meiner Lieblingshaushaltsgeräte. Genauso wie der Thermomix (Multifunktionsküchenmaschine). Dieser kocht quasi selbstständig im Hintergrund Suppen und andere leckere und gesunde Speisen. Aber, ich liebe auch den Backofen, der sich automatisch abstellt, wenn er das Brot fertig gebacken hat. Genauso liebe ich die Wasch-/Trocknermaschine, die nicht nur wäscht, sondern in einem Rutsch auch gleich die Kleider trocknet.

Nun gehören aber auch Kleingeräte wie der Fussel-Roller, Fussel-Rasierer (weiter vorne beschrieben) und andere, sich noch in unserem Haushalt befindenden Haushaltshelfer zu meinen Lieblingsstücken. So auch der Milch-schäumerstab. Dieser kostete bloß ein paar Euro. Trotz des geringen Preises bedeutet dieses Gerät purer Luxus für mich. Ebenso wie die Messerschleifmaschine, die in ihrem grasgrünen Auftritt ganz und gar nicht meinem ästhetischen Anspruch genügt. Doch ich liebe dieses Teil von Herzen! Früher hatte ich nämlich immer stumpfe Küchenmesser. Und selbst der einfache italienische Mokka-Kaffeekocher, hat die teure Kaffeemaschine ersetzt und gehört zu meinen Lieblingsteilen!

Hier nur ein ganz kleiner Ausschnitt an Haushaltshelfern, die im Rahmen meiner großen Aufräumaktionen auf dem roten Tuch und damit in den Entsorgungs-behältern und im Sperrmüll gelandet sind: ein hässlicher, roter Büchsenöffner. Dieser hatte mich seit dem Einzug in meine erste eigene Wohnung nicht nur begleitet, sondern auch stets unbewusst genervt. Und zwar jedes Mal, wenn ich seine Schublade öffnete. Ich war stets der Meinung, dass so ein Teil in jeden Haushalt gehört. Dass man so etwas „braucht". Mittlerweile habe ich gelernt. Man „braucht" gar nichts. **Außer, den Dingen, die einem guttun.** Ich habe den Büchsenöffner nämlich kein einziges Mal vermisst! Denn ich koche außer aus Tomatenkonserven nie aus Konserven. Zudem glaube ich, haben mittlerweile alle Büchsen diese Verschlüsse, die man einfach mit der Hand aufziehen kann. Und sollte ich wider Erwarten doch mal wieder auf eine Büchse mit alter Öffnungstechnik stoßen, so leihe ich mir einen Öffner vom Nachbarn aus.

Ebenso wenig vermisse ich einen sehr edlen Weinflaschenöffner, für den ich schon vor 20 Jahren über 100 Franken (90 Euro) bezahlt hatte. Er war stets Teil meiner zwar eingeordneten, aber doch nicht im Gebrauch stehenden Küchenutensilien. Jedes Mal, wenn ich die Schublade des Weinflaschenöffners aufzog, spielte sich der gleiche innere Film ab: „Ganz edler Weinöffner. Wow, sieht der schön aus. Vielleicht sollte ich ihn wieder einmal benutzen. Mmmhh, heute nehme ich lieber noch einmal den Supermarkt-Weinöffner. Der Edle ist doch irgendwie unhandlich. Eigentlich wäre es so erleichternd, wenn er einfach von der Bildfläche verschwände ... Damit würde doch auch mein schlechtes Gewissen bezüglich des Nichtbenutzens verschwinden, **denn wegwerfen kann ich ihn ja nicht. Er war doch so teuer ..."**

Mühelos auf dem roten Tuch landeten unter anderem:

○ Ein Stabmixer, ein Standmixer und die Knetmaschine: Der Thermomix tuts.

○ Kaffeebohnen-, Gewürzmahler und verschiedenste Saftpressen. Auch hier, danke an meinen Küchenchef Thermomix!

○ Ein Apfel-in-Stücke-Schneider: Was hat der für ein blödes Format und welch hässliche Farbe. Ich schneide die Äpfel sowieso immer mit dem Spitzmesser.

○ Ein Käsemesser: Dieses Messer lag 15 Jahre unbenutzt in meiner Schublade!

Ich könnte diese Liste fast endlos weiterführen … **Doch nun bist Du an der Reihe! Zieh Dir Deine Lieblingsstücke heraus und lass die anderen links liegen!**
Trenne jetzt die Spreu vom Weizen!

Komm schon, sei ehrlich zu Dir selbst: Eigentlich bist Du doch ganz froh, diese langweiligen, unnützen und hässlichen Gegenstände endlich hinter Dir lassen zu dürfen.

Deswegen ergreife jetzt die Chance!
Picke Deine Lieblingsstücke heraus. Und NUR Deine Lieblingsstücke! Also diejenigen, die Du unbedingt behalten willst und über dessen Verlust Du auch sehr traurig wärst. Bei jedem Herausgreifen eines jeden Gegenstands behältst Du diesen für einen kurzen Moment in Deinen Händen. Höre noch einmal auf Dein Gefühl:

Was sagt **Dein Herz?** Ist der Gegenstand wertvoll für Dich? **Macht er Dich wirklich glücklich?**

Ja? -> Lege den Gegenstand in Würde auf das grüne Tuch und heiße ihn willkommen. „Schön, dass Du da bist, dass Du mich unterstützt. Du bist so wertvoll für mich."

Picke so lange Deine wertvollsten Gegenstände heraus, bis Du spürst, dass das „Liebe- oder Glücksgefühl" nachlässt und sich in eine unterschwellige, leise Stimme im Hintergrund verwandelt: **Eine Stimme mit leichten Zweifeln, Widerwillen oder Begründungen des Verstands, warum Du auch diesen Artikel noch selektieren solltest.** Jetzt wird es schleunigst Zeit, die Vorselektion zu beenden!

Der Zweck des lilafarbenen To-Do-Tuchs:
Du hast einen Lieblingsgegenstand, an welchem etwas zu reparieren oder machen ist? Deponiere ihn zwecks Reparatur bzw. Erledigung auf dem lilafarbenen To-Do-Tuch und kümmere Dich nach der Aufräumaktion darum.

3. Schritt: Vorselektion würdigen

Ich würdige und wertschätze die selektierten Gegenstände.

a. Schau nun auf das grüne Bleibt-Tuch und das lilafarbene To-Do-Tuch. Wie geht es Dir dabei? Harmonieren die selektierten Gegenstände als Einheit und machen sie Dich ausschließlich glücklich?

b. Nein? Nimm den Störenfried oder die nicht passenden Gegenstände aus der Selektion heraus! **Lege diese stattdessen auf das rote Geht-Tuch.** Gib den gehenden Gegenständen gebührend Wertschätzung dafür, dass sie Dich in Deinem Leben über kurz oder lang begleitet haben.

Verabschiede Dich von ihnen, indem Du ihnen ein gedachtes oder lautes „Danke" mitgibst.

Dieses Ritual hilft Dir, Dich komplett zu verabschieden, ohne im Nachhinein einem Gegenstand nachzutrauern. Denn Du hast Dich ganz bewusst und im Guten von dem Gegenstand verabschiedet.

c. Begutachte nun noch einmal das grüne und das lilafarbene Tuch. **Zufrieden?**

Sehr gut. Weiter geht's.

Tipp der Autoren: Dankesritual

Wir haben schon öfter darüber gesprochen. Oft fällt uns ein Ausrangieren schwer, weil wir mit einem Gegenstand Erinnerungen verbinden. **Ein Wegwerfen eines Gegenstands ist also auch ein Wegwerfen von Erinnerungen und Emotionen.**

Es ist deshalb wichtig, dass Du Deinen Gegenstand mit genügend Wertschätzung verabschiedest. Nur so kannst Du ihn guten Herzens weggeben. Erfinde für jeden „gehenden" Gegenstand ein kleines „Ritual", indem Du ihn mit einem leisen oder lauten „Danke" verabschiedest. Dazu faltest Du entweder Deine Hände oder berührst den Gegenstand während des Dankesagens.

Das „Danke" bedeutet: „Danke für die schöne Zeit." Oder: „Danke für das, was ich durch Dich gelernt habe." Oder auch: „Alles Gute für Dich. Du wirst eine gute Zeit haben, wo auch immer Du hinkommen magst."

4. Schritt: Nachselektion

Ich selektiere die noch auf dem grauen Aussortiertuch wartenden Gegenstände einzeln nach.

a. Richte nun Deinen Blick wieder auf das graue Aussortiertuch und auf die noch auszusortierenden Gegenstände.

Stelle Dir vor, wie Du die noch verbleibenden Gegenstände komplett auf das rote Tuch verschiebst.

Wie fühlt sich diese Vorstellung für Dich an?

b. **Erlösend? Gut? Sehr gut?** Dann mach das jetzt! Jawohl, Du hast richtig gelesen. Verschiebe alle verbleibenden Gegenstände vom grauen auf das rote Tuch. Vergiss nicht, Dich von den Gegenständen zu verabschieden!

Toll gemacht! Dann spring nun vorwärts zu Schritt 5.

c. **Nicht ganz sicher?** Gibt es vielleicht noch einzelne Gegenstände, die wirklich gut für Dich sind? Die Dein Herz erwärmen lassen? Solche, die auf das grüne Bleibt-Tuch gehören? Nimm diese Gegenstände und leg sie auf das grüne Tuch. **Heiße diese willkommen.** Die verbleibenden Gegenstände gehen mit einem **Dankeschön auf das rote Geht-Tuch. Wunderbar! Nun springe auch Du zu Schritt 5.**

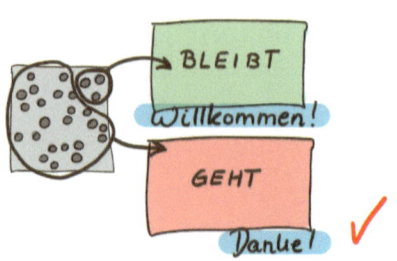

d. **Du hast das dringende Bedürfnis, jeden Gegenstand einzeln zu begutachten** bzw. einzeln nachzuselektieren? Bist Du sicher? Ist diese Extra-Schleife wirklich notwendig? **Tut Dir der Fokus auf jeden einzelnen Gegenstand gut? Ja?**

Ok, dann folge den Ablaufpunkten 1–3 für die Einzelselektion

1.

Beginne auf der linken Seite des grauen Aussortiertuchs. Nimm den ersten Gegenstand in Deine Hand. Spüre in Dich hinein. Höre ganz einfach auf Deine Intuition, Dein Herz. Entscheide Dich spontan:

2.

Spürst Du ausschließlich:

○ Dankbarkeit?
○ Glück?
○ Freude?
○ Hohes Wertgefühl?

Lege den Gegenstand auf das grüne Tuch.

3.

Oder spürst Du zusätzlich:

○ Unentschlossenheit?
○ Argumentationen des Verstandes?
○ Schuldgefühle wie z.B.: „Was sagt wohl meine Mutter, wenn ich die Vase nicht mehr habe …?"

Bewege den Gegenstand auf das rote Tuch.

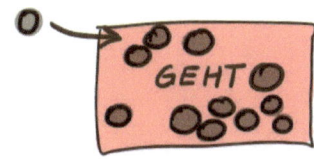

Die 5 Grundsätze der Einzelselektion:

Grundsatz 1:
Ich achte nur auf meine Intuition.
(Regel 6!)

Grundsatz 2:
Ich entscheide spontan:
innerhalb von 10 Sekunden.

Grundsatz 3:
Ich hole keine mit dem Gegenstand verknüpften Geschichten und Erinnerungen hervor.

Grundsatz 4:
Ich gebe keine Begründungen ab, warum der Gegenstand vielleicht doch noch nützlich sein könnte.

Grundsatz 5:
Ich belüge mich nicht selbst.
Ich bin ganz ehrlich zu mir.

Wichtig zu wissen:

Nach 10 Sekunden ohne Entscheidung geht der Gegenstand auf den Parkplatz.
Wenn Du nach 10 Sekunden keine Entscheidung getroffen hast, legst Du den Gegenstand auf das blaue Parkplatz-Tuch. Den Parkplatz hältst Du bewusst klein. Es sollten sich, je nach Größe der Gegenstandsgruppe, maximal 2–7 Gegenstände auf dem Parkplatz befinden.

Tipp der Autoren:

In herausfordernden Entscheidungen unterstützt Dich die Checkliste: Gegenstand Bleibt oder Geht auf Seite 179. Diese Liste nimmst Du **NUR** zur Hilfe, wenn Dir die Entscheidung, Gegenstand Bleibt oder Geht, **sehr schwer fällt**. Wobei Du, wenn Du ganz ehrlich bist, eigentlich weißt, dass eine Unsicherheit Geht oder Bleibt eigentlich Geht bedeutet: Denn die Intuition **signalisiert Dir Geht**, doch der Verstand versucht mit aller Kraft dagegen zu argumentieren.

Das graue Aussortiertuch ist jetzt leer?

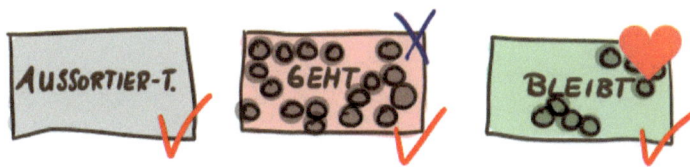

Sehr gut! Dann bearbeite als Abschluss des 4. Schrittes den Parkplatz. Gehe analog der Einzelselektion des grauen Aussortiertuchs vor (Schritt 4d, Seite 89):

5. SCHRITT: Abschluss

Ich bereite die Aussortierstation für die nächste Gegenstandsgruppe vor und reinige die freigewordenen Flächen.

Die erste Gegenstandsgruppe ist aussortiert:

- Das Aussortiertuch ist leer.
- Der Parkplatz ist leer.
- Das grüne Bleibt-Tuch erfreut sich an Deinen Lieblingsstücken.
- Das rote Geht-Tuch ist prall gefüllt.

a. Leere das rote Geht-Tuch.

Verabschiede Dich noch einmal von der Gesamtheit der gehenden Gegenstände und bringe die Entsorgungsbehälter zu Deiner Mülltonne, bzw. stelle diese zur Abholung in Deinen Hausflur, vor Dein Haus oder ins Auto.

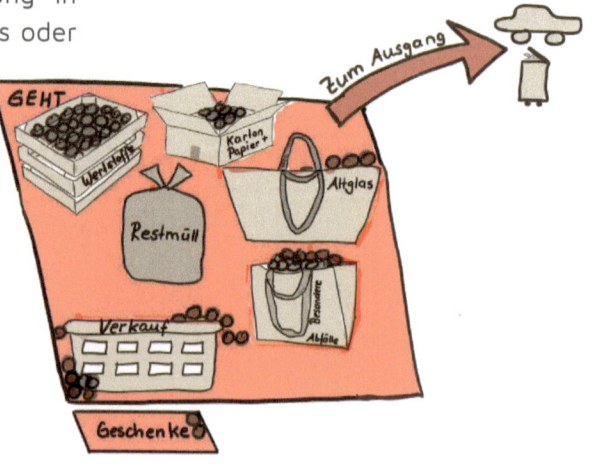

b. Lieblingsstücke vom grünen Bleibt-Tuch nehmen und zwischenlagern.

Ordne Deine Lieblingsstücke bitte noch nicht in den neuen Freiraum ein! Denn vielleicht strukturierst Du ja, nach Beendigung des Aussortierens, den gesamten Bereich um.

Deswegen lagerst Du die aussortierten Gegenstände vorerst zwischen. Benutze dazu die geeigneten Zwischenlagerbehälter (Kisten, Körbe etc.). Alternativ ziehst Du das gesamte grüne Tuch auf die Seite und legst ein neues „grünes" Tuch in Deine Aussortierstation.

Hinweis zum Bereich „Bekleidung": Falls Du im Besitz einer Kleiderstange bist und diese bis jetzt noch nicht aussortiert hast, kannst Du die Kleidungsstücke an dieser Stange zwischenhängen.

Hören wir da etwa eine leise Stimme Deines Verstandes: **„Ich habe es ja gewusst. Jetzt wird diese Stange doch noch gebraucht …"**

c. Räumliche Reinigung des neu gewonnenen Freiraums

Gratulation! **Wie fühlst Du Dich
jetzt?** Du hast neuen Freiraum in
Regalen, Schubladen und auf Flächen gewonnen! Befreie nun diese
Fläche von Schmutz und Ballast.

**Los geht's. Nimm Deine Putzuten-
silien und** reinige die frei ge-
wordenen Regale, Schubladen und
Flächen mit Staubsauger und
feuchten Lappen.

d. Mentale Reinigung des neu gewonnenen Freiraums

Als Nächstes greifst Du zu Deinem
Frischespray und sprühst die ge-
reinigte Fläche gründlich aus. Stelle
Dir während des Sprühens vor, wie
das feine Wasser und der Duft den
noch am Regal klebenden mentalen
Schmutz auflöst und wegfliegen
lässt. Wenn Du zwei Sprays hast,
nimm jetzt das Reinigungsspray (z.B.
Soft Watermint Rain). Der zweite
Duft kommt später zum Einsatz.

**Dein neuer Freiraum ist nun frisch,
frei und leicht. Bereit für Neues!**

Anmerkung zur Reinigung:

Bearbeitest Du kleine Gegenstandsgruppen, dann reinige erst nach Abschluss aller Gegenstandsgruppen.

Wiederhole nun den gesamten Kreislauf (Schritte 1–5) für die verbleibenden Gegenstandsgruppen des aktuellen Bereichs.

Erst wenn Du den kompletten Bereich aussortiert hast, gehst Du weiter zu Schritt 6.

Aussortieren-Kreislauf auf einen Blick:

Zum Abschluss des Teils „Aussortieren" legen wir Dir die folgende Regel wärmstens ans Herz:

Regel **10**

„Ich sortiere nicht
aus dem Schrank
heraus aus."

Erläuterung zu Regel 10: „Nicht aus dem Schrank heraus aussortieren bedeutet, dass Du beim Aussortieren immer nach Gegenstandsgruppen vorgehst und dabei den Aussortierablauf einhältst. **Also zuerst ALLE Gegenstände einsammeln** und erst dann aussortieren. Und zwar auf neutralem Grund. Der Fokus liegt, wie Du ja weißt, ausschließlich auf: **„Was bleibt bei mir?"** und nicht auf **„Was muss weg?"**.

Lass Dich nicht dazu verleiten, **„aus dem Schrank heraus"** auszusortieren, also den einfachen und schludrigen Weg zu gehen. Du solltest keine Gegenstände direkt aus dem Schrank heraus wegwerfen.

Das mag jetzt auf den ersten Blick ziemlich übertrieben klingen. **Wir versichern Dir jedoch, dass die Essenz zu Deinem Erfolg** in der Einhaltung dieses Vorgehens liegt. Damit sortierst Du viel tiefgründiger und richtiger aus, als Du es aus der Vergangenheit gewöhnt warst!

Sodann verschwendest Du keine Zeit und keine wertvolle Energie mehr mit:

○ Unbewusstem Ärgern über unliebsame Gegenstände
○ Unbewusstem Genervtsein über ein unlogisches Ordnungssystem
○ Unbewusstem Rechtfertigen, warum dieser und jener Gegenstand
   noch bei Dir sein muss
○ Abschweifen in alte, unliebsame Erinnerungen, die mit den
   unliebsamen Gegenständen verbunden sind
○ Hin-und-Her-Räumen, weil sich zu viel „Krempel" in Deinen
   Schränken angesammelt hat

Einordnen

6. SCHRITT: Einordnen

Ich ordne meine Lieblingsstücke in meinen neuen Freiraum ein.

Darauf wartest Du bestimmt schon lange. Nun darfst Du Deine Lieblingsstücke in die freigewordene Fläche einordnen!

a. Den besten Platz für Deine Lieblinge:

Bevor Du Deine Lieblingsstücke aus dem Zwischenlager holst, teile Deinen Bereich in Gegenstandsgruppen ein. Du hattest Dir in der Planphase ja bereits Gedanken dazu gemacht. Doch wer weiß, vielleicht ist Deine Anzahl an Lieblingsstücken nun kleiner, als in der Planphase angedacht?

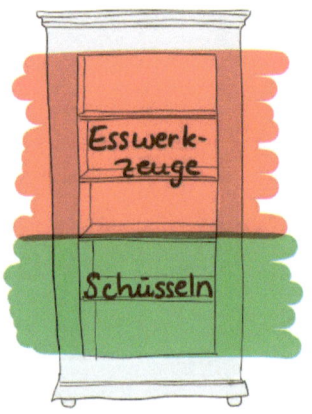

Jetzt hast Du auf jeden Fall die **wunderbare Chance**, quasi auf der **Grünen Wiese** beginnend, den vor Dir liegenden Bereich, abgestimmt auf Deine Bedürfnisse und Abläufe, neu zu strukturieren.
Nutze diese Chance unbedingt und räume nicht aus Bequemlichkeit analog der früheren Struktur ein, sondern im Einklang mit Deinen heutigen und zukünftigen Abläufen und Bedürfnissen.

Anhand unseres Beispielbereiches „Essen" zeigen wir Dir, was wir mit „abgestimmt auf Deine Abläufe und Bedürfnisse" meinen:
Unser „Essen"-Bereich (Küche) ist so aufgebaut, dass sich links der Kochbereich befindet und rechts der Esstisch. Sodann platzieren wir „Lebensmittel", „Kochutensilien" und „Töpfe und Pfannen" nahe dem Kochfeld und „Esswerkzeuge" nahe dem Esstisch. „Schneidebretter" und „Küchenmesser" kommen in den mittleren Teil, weil wir da Gemüse und Obst schnippeln.

Hätten wir Kleinkinder im Haus, würden wir Kinder-Esswerkzeuge so platzieren, dass sich die Kleinen selbstständig ihre Becher zum Trinken holen und bereits im jungen Alter den Tisch (zumindest ihren Teil) decken könnten. **Delegieren lautet das Zauberwort. Damit schaffst Du Dir Deinen ganz persönlichen, zusätzlichen Freiraum!**

Besteck passt am besten in Besteckschubladen. Diese sollten sich möglichst neben den restlichen Esswerkzeugen (Teller, Gläser etc.) befinden. Du weißt ja, eine Gegenstandsgruppe bleibt immer zusammen (Regel 4).

b. Ordnungshilfen schaffen optimale Ordnung in der Zukunft:

Die verschiedenen Ordnungshilfen haben wir bereits im Kapitel 3.3 „Vorbereitung" vorgestellt. Auf die bereichsspezifischen Ordnungshilfen (wie z.B. Kleiderbügel, Schachteln für den Bereich „Bekleidung") gehen wir im Kapitel 4 ein.

c. Einordnungsgrundsätze als Basis für Deine geordnete und leichte Zukunft:

An dieser Stelle geben wir Dir jetzt schon die **allgemeinen Einordnungs-grundsätze zum einfachen und logischen Einordnen** mit.

Die 7 Einordnungsgrundsätze

1. **Freie Arbeitsflächen**: Halte Arbeitsflächen so gut wie möglich frei.

2. **Sortierung nach Regelmäßigkeit der Verwendung**: Oft verwendete Gegenstände kommen nach vorne, wenig verwendete nach hinten bzw. nach ganz oben.

3. **Alle Gegenstände müssen gut erreichbar sein.** Besitzt Du Regale oder Schränke, die weit nach hinten verlaufen (Tiefe) und sind deren Einsätze, Regalböden nicht ausziehbar? Dann raten wir, unbedingt mit **Boxen und Schachteln zu arbeiten**! Achte beim Neukauf von Schränken, insbesondere Küchenschränken, unbedingt auf ausziehbare Elemente, also Schubladen und Schubladen-Einsätze. Gegenstände sollten schnell und praktisch erreichbar sein.

4. **Gegenstände nicht einpferchen (= Leerraum zwischen den Gegenständen lassen)**: Eingepferchte Sachen sind nicht nur unschön anzusehen, sondern auch ebenso mühsam herauszunehmen. Deswegen lasse genügend Abstand zwischen den einzelnen Gegenständen. Dinge müssen leicht zugänglich sein.

5. **Gegenstands-Harmonie**: Die eingeordneten Gegenstände müssen optisch zusammen harmonieren. Du musst Freude verspüren, wenn Du den Schrank oder die Schublade öffnest und die Gegenstände vor Dir liegen siehst.

6. **Kleine Gegenstände in Ordnungshilfen einsortieren**: Sortiere kleine Gegenstände immer in Ordnungshilfen (Boxen, Schachteln, lose Deckel) ein. So bleibt es viel geordneter und die Benutzung bereitet Dir Freude.

7. **Denke beim Einräumen auch noch einmal an Regel 4**: „Eine Gegenstandsgruppe behalte ich immer als eine untrennbare Einheit."

Anmerkung zu 1: Die Erfahrung zeigt, dass Arbeitsflächen, die nicht zugestellt, sondern frei sind, dazu motivieren, Ordnung zu halten. Zudem wird viel schneller und deshalb lieber geputzt, was wiederum zur **Zufriedenheitssteigerung** im entsprechenden Bereich führt.

An dieser Stelle, erinnern wir Dich erneut an die **Schlüssel-Regel Nr. 5**:

Regel **5**

„Jedem Gegenstand teile
ich **seinen festen Platz** zu!"

Tipp der Autoren:

Lese auch gerne noch einmal die Ausführungen zur Regel 5 auf Seite 35. Befolgst Du Regel 5, hast Du ehrlich gesagt schon fast die halbe Miete. Überlege Dir also gut, wo Du welchen Gegenstand platzierst. **Entscheide Dich, auch hier … ganz genau … intuitiv.**

Befolgst Du Regel 5, verschwendest Du keine Zeit und keine Energie mehr mit:

○ Suchen von Gegenständen: „Wo war denn das schon wieder?"
○ Einräumen: „Wohin gehört das noch mal?"
○ Diskussionen und Zurechtweisungen: „Lass Deine Sachen nicht
   herumliegen! Immer muss ich aufräumen!"

Denn nicht nur Du, auch die restlichen Familienangehörigen werden die Gegenstände ganz von selbst und vor allem ganz entspannt an den zuge-ordneten Platz zurücklegen.

Kinder mögen übrigens klare Regeln (genauso wie Männer ☺). Sie haben nur ein Problem damit, wenn die Regeln unklar oder unlogisch sind bzw. sich ständig ändern.

Beispiel aus dem Leben der Autorin: „Wie ein Kind Spaß an Ordnung bekommt."
Mein Sohn hatte vor unserer Aufräumaktion echte Tendenzen, zu einem Messi zu werden. Nein, nicht zum gleichnamigen Fußballer! Verzeih mir Joshua, Du magst das jetzt nicht so gerne hören, denn mittlerweile macht Dir Aufräumen nicht nur Spaß, sondern Du machst es freiwillig und vor allem automatisch = unbewusst. Joshua weiß jetzt nämlich ganz genau, wo seine Gegenstände hingehören. **Und er hat auch realisiert, dass er mit dem ersten liegengelassenen Gegenstand die Einladung „Zum Liegenbleiben" für den zweiten und alle weiteren Gegenstände aus-spricht.**

Es ist für mich heute eine wahre Freude, Joshuas Zimmer zu betreten. Insbesondere weil ich weiß, dass er sich damit selbst viel wohler und besser fühlt. Und nicht nur das, mittlerweile ist er auch in der Schule viel konzentrierter und seine Handschrift ist viel ordentlicher geworden.

Du siehst, Ordnung entwickelt sich und überträgt sich auf andere Bereiche. Und das nicht nur bei Kindern.

d. Geschafft! Zeit für neue Energie in Deinen Räumen

Alles eingeordnet? Dann nimm zum Abschluss das zweite Frischespray (z.B. Exotic Lychee Sorbet) zur Hand und energetisiere die neu eingeräumten Flächen, Regale und Gegenstände. **Heiße dabei Deine Lieblingsstücke willkommen und freue Dich über sie!**

Zum Abschluss des Teils „Einordnen" noch diese kleine Anregung für Deinen Hinterkopf:

Packe die Unordnung bei der Wurzel! Der japanische Minimalist Fumio Sasaki bezeichnet **Schränke, Kommoden und Kisten als Ameisennester!** Diese sollten möglichst **eliminiert** werden, damit sich zukünftig **keine Ameisen mehr darin einnisten** können.

Tipp der Autoren:

Halte den neuen, ungenutzten Raum einfach mal für eine Weile frei. Lass den Freiraum für eine Weile auf Dich wirken. Würdige ihn. Beobachte, ob sich Deine innere Ruhe in Anlehnung zur räumlichen Ruhe verändert ...

Entsorgen

7. Schritt: Entsorgen

Ich entsorge Abfall und wiederverwendbare Gegenstände, verkaufe gut Erhaltenes und lasse die Geschenke abholen.

Wir haben das Thema Entsorgung ja schon oft angekratzt. Nun aber bekommt es schließlich doch noch seinen eigenen Teil.

a. Wiederverwertbarer und verbrennbarer Müll:

Deine gefüllten Entsorgungsbehälter hast Du bereits im Müllcontainer entsorgt bzw. sie stehen draußen und warten auf Abholung oder Wegbringung in die entsprechenden Entsorgungsstationen.

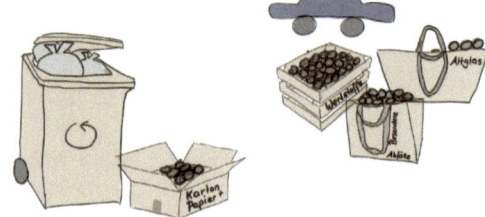

b. Artikel für Gemeinnützige Organisationen:

Bringe Deine Kleidungsstücke in den Altkleidercontainer oder zu den Annahmestellen des Roten Kreuzes, zu Oxfam oder anderen lokalen gemeinnützigen Organisationen.

c. Verkauf:

Nun hast Du bestimmt diverse Gegenstände, die eigentlich zu schade zum Weggeben, geschweige denn zum Wegwerfen sind. Du scheust Dich aber vor dem Verkaufsaufwand?

Mache nicht den gleichen Fehler wie wir! Investiere wenigstens 1 Stunde in den Verkauf Deiner gewinnbringendsten Artikel! Es ist wirklich nicht so mühsam, wie Du Dir das vielleicht vorstellst. Insbesondere der Verkauf von Büchern, CDs, DVDs, Games und Kleidern läuft bei momox bzw. Kleider im Remixshop spielend leicht. Mehr dazu im Kapitel 4 unter dem Abschnitt Bücher, CDs, DVDs, Games bzw. Bekleidung.

Aber auch Kleinmöbel und Elektrogeräte gehen auf Ebay-Kleinanzeigen teilweise verblüffend schnell weg. **Wichtig**: Lass die Artikel unbedingt bei Dir abholen! Vermerke das auch gleich in der Anzeige. Bei hochwertigeren Möbel ist es manchmal ratsamer, sich ein Portal zu suchen, dass auf einen bestimmten Bereich spezialisiert ist wie z.B. ein Portal für gebrauchte Designermöbel. Dort kannst Du deutlich höhere Verkaufspreise erzielen als bei Ebay-Kleinanzeigen.

Zur Anregung hier die gängigsten Online-Verkaufsportale – diese gibt's auch als App für Dein Smartphone:

Alle Gegenstände	(A, D, CH):	www.ebay.de/.at/.ch
Alle Gegenstände	(A, D, CH):	www.ebay-kleinanzeigen.de
Alle Gegenstände	(CH):	www.ricardo.ch
Bekleidung	(D)	www.kleiderkreisel.de
Bekleidung	(A, D, CH):	www.momox-fashion.de/.at
Bekleidung	(A, D, CH):	www.remixshop.com
Bekleidung (Kinder)	(D)	www.mamikreisel.de
Bücher, CDs, DVDs, Games	(A, D, CH):	www.momox.de/.at
Bücher, CDs, DVDs, Games	(D)	www.booklooker.de
Bücher, CDs, DVDs, Games	(D)	www.weltbild-marktplatz.de
Bücher, CDs, DVDs, Games	(D)	www.jokers-buecherboerse.de

d. Verschenken:

Gute Artikel willst Du vielleicht an Freunde, Bekannte oder Nachbarn verschenken. Wie bereits erwähnt, wähle maximal 1–2 Beschenkte aus und vereinbare bereits vor der Aussortieraktion ein Datum für die Abholung der Gegenstände.

Wichtig: Sei nicht enttäuscht, wenn die beschenkte Person ein „Geschenk" nicht annehmen möchte. Respektiere diese Entscheidung und übe keinen mentalen Druck aus, indem Du versuchst, ihr den Gegenstand schmackhaft zu machen.

Diese Person hat bereits verstanden, was ihr guttut und was eben nicht. **Zeige Größe und danke der Person, dass Du diesbezüglich von ihr lernen darfst. Eine andere Option, die zu geteilter Meinung führen mag, ist das Rausstellen von guten Gegenständen an die Straße vor Deinem Haus**: Wir finden das eine hervorragende Möglichkeit, um einen neuen, liebenden Besitzer für unliebsame Gegenstände zu finden. Klebe einen netten Zettel „Zum Mitnehmen ☺" an den Gegenstand. Setz Dir eine Frist. Der Gegenstand darf max. 12 Stunden an der Straße stehen. Wenn ihn bis dahin niemand mitgenommen hat, entsorgst Du ihn. Achte darauf, dass der Gegenstand möglichst im privaten Bereich an der Straße steht. Auf öffentlichem Grund ist das Abstellen nicht erlaubt.

Mentaler Ausklang

8. Schritt: Mentaler Ausklang

Ich würdige meine Arbeit – reinige und entspanne mich

a. Du hast heute sehr viel geleistet:

Nicht nur körperlich, sondern auch mental. Nun ist es an der Zeit, Dich selbst zu reinigen. **Nimm eine entspannende Dusche oder ein Bad.** Genieße das Wegfließen des alten Ballasts und aller Anspannungen in vollen Zügen! Würdige auch ganz bewusst die getane Arbeit und gönne Dir jetzt Erholung!

b. Mentaler Ausklang und Zukunftsfestigung:

Nach der Reinigung liest Du diesen Text – am besten laut:
*„Ich habe heute gelernt, dass ich von nun an nur noch für mich wertvolle Gegenstände um mich herum haben darf und will. Alles was mir bislang nicht gutgetan hat, habe ich heute losgelassen und weggegeben. **Ich bin nun frei und***

leicht. Ich bin sehr dankbar, jetzt nur noch Euch, meine Lieblingsgegenstände, bei mir zu haben. Ich verspreche jedem Einzelnen von Euch, zukünftig große Sorge für Dich zu tragen:

- ○ *Dir stets einen würdevollen Platz zu gewähren*
- ○ *Dich immer mit Wertschätzung zu behandeln*
- ○ *Dich zu pflegen*
- ○ *Mich täglich an Dir zu erfreuen*

Und solltest Du irgendwann nicht mehr zu mir und meiner Ausrichtung passen, so werde ich Dich nicht zähneknirschend und lieblos in meinen Schrank verfrachten, sondern Dich mit gutem und dankbarem Gefühl weggeben.

c. Gute Nacht:

Und nun bleibt uns nichts anderes übrig, als Dir eine wunderbare Nacht zu wünschen. Du hast das super gemacht! Schlaf jetzt gut.

Einordnen, Entsorgen und Mentaler Ausklang auf einen Blick:

Zukünftig Ordnung halten

Du hast Deine Aufräum-
aktion nicht durchgeführt,
um einmalig auszumisten
und danach kontinuierlich
wieder neu anzuhäufen, ...

... sondern um auch zukünftig Freude und unaufhörlich fließende Inspiration aus Deinem freien und energievollen Lebensraum zu gewinnen.

Zur Erinnerung: das Rezept für Unordnung

Überschwemmung =
Unmenge von Dingen,
die Du nicht brauchst

Keinen festen oder logischen
Platz für Deine Gegenstände

Kein sofortiges Zurücklegen
nach dem Gebrauch

Beherzige die folgenden 10
Grundsätze zum Ordnunghalten
und Dein Lebensraum und Du
entwickeln sich gemeinsam weiter.

1. Jeder Gegenstand hat seinen festen Platz (Regel 5).

2. Nach Benutzung eines Gegenstands lege ich ihn sofort zurück an seinen Platz. Ausnahmen gibt es keine!

3. Ich wertschätze meine Gegenstände. Ich vermittle ihnen Respekt und Freude und bin dankbar, dass sie bei mir sind.

4. Wenn ich einem Gegenstand nicht mehr diese Wertschätzung geben kann, geht er weg.

5. Ich verlasse am Morgen mein Zuhause so, wie ich am Abend wieder von ihm empfangen werden möchte.

6. Wenn ich nach Hause komme, begrüße ich meine Räumlichkeiten liebevoll. Ich hänge meine Jacke auf und versorge meine Schuhe und meine Arbeitskleidung. Dann ziehe ich mir etwas Bequemes, doch Würdevolles an und genieße mein inspirierendes, wohltuendes und schönes Zuhause.

7. Ich kaufe keinen Gegenstand, nur weil er billig ist und ich vermeintlich spare!

8. Vor jedem Kauf überlege ich mir, ob das neue Ding in den Kreis meiner Lieblingsgegenstände passt, bzw. ob dieses überhaupt zu einem Lieblingsgegenstand von mir werden kann.

9. Ich nehme keinen Gegenstand an, nur weil er gratis ist bzw. mir geschenkt wird. Ich nehme ihn nur an, wenn ich spüre, dass er mir langfristig große Freude schenken wird und er gut in den Kreis meiner Lieblingsgegenstände passt.

10. Wenn ich einen neuen Gegenstand in mein Zuhause aufnehme, fliegt dafür ein anderer (der am wenigsten Geliebte) raus.

Wichtig zu wissen zu Punkt 4 und Punkt 7:

Zu 4: Es klingt vielleicht hart, einen Gegenstand, dem Du nicht mehr genügend Wertschätzung geben kannst, wegzugeben. Doch ist es nicht viel härter, diesen ungeliebten Gegenstand in Deinem Zuhause zu behalten und ihn stattdessen mit Missbilligung und Abneigung zu bestrafen?

Zu 7: Nur weil Du das Nice-to-have-Racletteset für 80 EUR anstatt 200 EUR kaufen könntest, bedeutet es noch lange nicht, dass Du 120 EUR sparst! Vielmehr bedeutet es, dass Du nur 80 EUR anstelle von 200 EUR rauswirfst!

Tipp der Autoren:

Vielleicht klebst Du Dir diese Grundsätze für die erste Zeit an eine prominente Stelle in Deinem Zuhause. Verinnerliche sie Dir. Brenn sie in Deine Abläufe und in Dein Handeln ein.

4 Ordnungs-tipps pro Bereich

Im Folgenden findest Du Anregungen und konkrete Tipps zum bereichsspezifischen Aussortieren, Einordnen, Entsorgen und langfristigen Ordnunghalten.

Wir haben die Bereiche in 3 logische Gruppen eingeteilt:

a. Ordnungsassistenten
b. Klassische Bereiche
c. Digitale Welt

Es gibt Bereiche, die in mehreren Gruppen vorkommen. Papierkram zum Beispiel
ist als Ordnungsassistent (a) in herkömmlicher Art präsent, aber auch in digitaler
Form (c) vorhanden. In Deinem Zuhause hast Du vielleicht Musik im klassischem
Sinne auf CDs (b) und digitale Musik auf Deinem Handy (c).

Die 5 Ordnungsassistenten

Als Erstes widmen wir uns den folgenden 5 äußerst empfehlenswerten
Ordnungsassistenten:

1. Die Aktionsfläche
2. Die Entsorgungsstation
3. Die Papierkramstation
4. Das To-Do-System
5. Die Utensilienbox

Die 5 Assistenten bilden die Basis oder das Gerüst Deines Ordnungssystems.
Mit den Ordnungsassistenten im Hintergrund laufen in Vergangenheit aufwen-
dige und frustrierende Prozesse **zukünftig wie von selbst!** Optimalerweise
befinden sich diese Assistenten platzsparend und ordentlich verstaut an einem
oder maximal 2 zentralen Orten in Deinem Zuhause.

Die Aktionsfläche

Wohin bloß mit dem Zeug, dass nur vorübergehend bei mir ist?

Wir reden von temporär zu platzierenden Gegenständen, die durch andere Personen abgeholt, bzw. von uns irgendwo hingebracht werden sollen. Also Hosen zum Kürzen für den Schneider, die Schlüssel an die Nachbarin, das Buch für den Arbeitskollegen, die Leuchte, die zum Geschäft zurückgeht, das Geburtstagsgeschenk für die Party am Freitag.

Diese Gegenstände brauchen einen vorübergehenden Platz. Und das ist die Aktionsfläche. Auf die Aktionsfläche kommen aber auch Gegenstände, an denen wir selbst etwas ändern oder reparieren müssen. Zum Beispiel der Blusenknopf zum Annähen oder das Kinderspielzeug zum Reparieren.

Unsere Aktionsfläche installieren wir nahe unserer Haustür. Um Unruhe zu vermeiden, sollte die Aktionsfläche nicht einsehbar sein, sich also in einem geschlossenen Schrank, in einer Kiste, Tasche oder im Abstellraum befinden.

Wahrscheinlich ahnst Du es schon: Die Gefahr ist groß, die Aktionsfläche zu missbrauchen, um mal schnell etwas abzulegen, für dessen Wegräumen man im Moment zu faul ist. **Deswegen**:

Halte die Aktionsfläche bewusst klein, damit keine Versuchung entsteht, die Fläche zu überfüllen! Setze Dir Deadlines, bis wann die Fläche wieder leer sein muss. Blockiere Dir auch die notwendige Zeit in Deinem Kalender, um die Gegenstände zu bearbeiten bzw. abholen zu lassen oder „auszuliefern".

Die Entsorgungsstation

Gib Verpackungen & Co. ihren (wohlverdienten) Platz!

Leere und auf das Wegbringen wartende Flaschen, Verpackungen oder Batterien in Küche, Hausflur und Abstellkammer führen bei vielen Menschen zu mentaler Unaufgeräumtheit und damit zu unterschwelligem Stress. Das Gebinde hat zwar seinen Dienst bereits vollbracht, ist aber trotzdem noch präsent. Es steht im Weg herum und wartet fordernd darauf, bis jemand es endlich zum Müll bringt. **Und kaum ist es entsorgt, kommen bereits seine Nachfolger um die Ecke ...**

Gib Deinem Leergut seinen eigenen (verdienten) Warteplatz. Richte ihm ein kleines Regal mit herausnehmbaren Boxen, Körben oder stabilen = standfesten Einkaufstaschen ein. Das Regal kann sich im Einbauschrank im Flur, in der Abstellkammer oder in der Küche im Müllbereich befinden. Sortiere nach: Altglas, Wertstoffen, Papier & Karton, Batterien etc. Sei pragmatisch und separiere Deinen Abfall so, wie es für Dich persönlich stimmt, wie Du Dich gut fühlst, und nicht aus einem schlechten Gewissen heraus. Wenn Du leere, plastifizierte Milchkartons aus Platzgründen in den normalen Müll statt in eine Wertstoffbox schmeißt, dann ist das halt so!

In den Bereich der Entsorgungsstation passen auch gut die Einkaufstüten (siehe entsprechender Abschnitt weiter hinten).

Die Papierkramstation

Papierarbeit nervt nur, weil kein System dahintersteckt ...

... oder weil Du Dich monatelang nicht um Deinen Papierkram gekümmert hast und der Stapel an losen Papieren Dich nun zu erschlagen droht.

Konzentriere Dich ab heute auf die wichtigen Dinge Deines Lebens und lasse den Papierkram zukünftig von alleine nebenherlaufen. Das geht nämlich ganz leicht, wenn Du die Weichen richtig stellst:

Wir legen Dir wärmstens ans Herz, ab sofort Deine Dokumente zu scannen und damit Ordner, Hefter & Co. in die Vergangenheit archivieren zu lassen. Im Abschnitt Digitale Welt „Digitaler Papierkram" (Seite 154) gehen wir ausführlich auf den digitalen Abheftungsprozess ein.

Trotz dieses digitalen Befreiungsschlags wirst Du eine minimale Anzahl an physischem Papier behalten müssen. **Diese Papiere sammelst Du zentral in Deiner Papierkramstation.** Die Papierkramstation befindet sich in der Abstellkammer, im Eingangsschrank im Flur oder in einem möglichen Arbeitsbereichschrank (siehe Abschnitt Arbeitsbereich auf Seite 123).

Die Papierkramstation besteht z.B. aus 2 bis 3 mit Deckel verschließbaren Boxen (A4) und 2 stapelbaren Ablagefächern (A4). Deine gesamte Papierkramstation lässt sich so auf einer Fläche von ca. 33 cm x 24 cm übereinander stapeln! Zuerst die Boxen und dann die Ablagefächer.

Anmerkung: Du kannst Deine Papierkramstation natürlich auch aus einem Schubladenkasten oder 4 Ablagefächern bauen.

Box 1: Wichtige Dokumente
Personalausweis, Geburtsschein, Fahrzeugausweis, Meldebestätigung etc.
Box 2: Garantien
Garantien und Zertifikate, die Du im Original aufbewahren musst
Evtl. Box 3: Gebrauchsanweisungen
Unserer Erfahrung nach müssen Gebrauchsanweisungen heutzutage nicht mehr aufbewahrt werden, weil sie online beim Hersteller downloadbar sind. Wenn Dir dieser Schritt in die digitale Welt jedoch noch Unbehagen bereitet, dann eröffne auch für die Gebrauchsanweisungen eine Box (Box 3). Mach es Dir zur Regel, **jedes Mal, wenn Du ein Gerät entsorgst, auch gleich die dazugehörende Gebrauchsanweisung wegzuwerfen.**

Ablagefach 1: To-Dos
Briefe und Dokumente, die erledigt werden müssen
Ablagefach 2: Eingescannte Dokumente
mit Aufbewahrungspflicht

Ist das Ablagefach 2 voll, dann werden die darin gesammelten Dokumente in ein Papier eingeschlagen, mit Von-/Bis-Datum beschriftet und im Keller oder Dachboden archiviert.

Am besten in einer Kiste, in die Du chronologisch Deine Sammelpakete hinein-schmeißt. Leere diese Kiste sobald die Aufbewahrungspflicht verjährt ist!

Für die meisten Papiere besteht übrigens keine Pflicht zur physischen Auf-bewahrung. Zum Beispiel Kontoauszüge. Die meisten Banken stellen Kontoauszüge heutzutage sowieso nur noch online zur Verfügung. **Warum solltest Du diese dann ausdrucken oder Dir per Post zusenden lassen?** Speichere die elektronischen Kontoauszüge und andere Bankbelege direkt aus Deinem eBanking in Deinem digitalen Ablagesystem und entledige Dich den stapelweisen, alten Kontoauszügen! Aber auch physische Korrespondenz, Rechnungen und Protokolle bewahrst Du von nun an spielend leicht in digitaler Form auf und befreist Dich damit von der schweren Ordner-Last.

Das To-Do-System

Zettel, die überall herumfliegen. Wie entledige ich mich meiner frustrierenden Aufgabenliste?

Das To-Do-System ist ergänzend zur Aktionsfläche zu sehen.

Es ist ein Hilfstool, um Tasks – im Rahmen von Haus, Garten und Familie – effizient und mit Freude abzuarbeiten.

Obwohl ich, Daniela, einen elektronischen Kalender führe, regelmäßig online einkaufe und mich auch sonst über Handy, iPad und Computer organisiere, habe ich dieses physische Zettel-Organisationssystem für mich eingerichtet. Obschon es, zugegebenermaßen, etwas altmodisch ist, möchte ich den Gedanken an Dich weitergeben, denn ich liebe dieses System.

Für mein To-Do-System habe ich eine Schublade in meiner Küche reserviert und zwar abseits des Kochgeschehens, also die Schublade, die am nächsten zum Flur liegt.

In dieser Schublade stehen 6 schöne arabische Teegläschen. Jedes Teegläschen habe ich beschriftet:

Schule Kind/er   Einkaufen Bioladen

Einkaufen Supermarkt   Einkaufen und erledigen sonstiges

Online-Bestellungen   Haus, Garten, Auto

Natürlich fertigst Du Deine eigenen Kategorien an. Und natürlich musst Du keine arabischen Gläschen kaufen, sondern verwendest vielleicht ausrangierte Schnapsgläschen für Dein To-Do-System? **Richte Dir nicht mehr als 6 Gläschen ein.** Ansonsten verkommt das System zu einem administrativen Overhead.

Nun verwende ich kleine, bunte Zettel, die ich mit den verschiedenen Tasks beschrifte und in die entsprechenden Gläschen lege. **Als Beispiel**: Ich soll Honig, WC-Papier und Pasta kaufen. Honig schreibe ich auf den Zettel, den ich in das Gläschen „Einkaufen Bioladen" stecke. WC-Papier und Pasta kommen auf einen anderen Zettel für das Gläschen „Einkaufen Supermarkt". Ich schreibe grundsätzlich mehrere Artikel für die gleiche Kategorie auf einen Zettel. Außer, wenn es gewisse Artikel nur im Supermarkt A gibt und andere nur im Supermarkt B. Dann schreibe ich zwei unterschiedliche Zettel. Einmal für A und einmal für B. Beide Zettel kommen in das Gläschen „Einkaufen Supermarkt".

Nun habe ich mir wöchentliche Zeitblöcke reserviert, in denen ich diese Zettel abarbeite. Ich lege dann alle Zettel der gleichen Kategorie, also z.B. der Kategorie „Einkaufen Supermarkt" in ein kleines, glitzerndes Zettel-Portemonnaie. Ich habe für jede Kategorie mit Erledigungen außerhalb meines Hauses jeweils ein eigenes glitzerndes Portemonnaie.

Früher waren mir diese Erledigungen sehr lästig. Wenn ich heute meine schönen Portemonnaies in meine Handtasche stecken darf, um meine Erledigungen auszuführen, fühlt sich diese Aufgabe sehr wertvoll und besonders an. **Ich freue mich richtig darauf loszugehen**, mein schönes Portemonnaie und die bunten Zettel herauszunehmen und abzuarbeiten. Und das Verblüffende daran: **Weil ich nun alle Tasks sehr bewusst notiere, sind es plötzlich auf wunderbare Weise bedeutend weniger geworden ...**

Wie das Gläschen „Online-Bestellungen" zeigt: Dieses Gläschen, bzw. die Zettel darin, lasse ich bewusst über einen längeren Zeitraum unbearbeitet stehen. Nach einer gewissen Zeit überprüfe ich, ob ich den entsprechenden zu bestellenden Artikel wirklich (noch) brauche oder ob das nur ein Nice-to-Have (Spleen) war.

Die Utensilienbox

Für Deine Haushalt-Basics und allenfalls Medikamente empfehlen wir Dir, eine kleine Utensilienbox einzurichten. Dann sammelst Du alle Utensilien an einem Ort. Als Utensilienbox eignet sich z.B. ein Schubladenkasten mit ausziehbaren Schubladen. Vielleicht ergeben sich aber auch Möglichkeiten mit durchsichtigen Boxen im Einbauschrank oder in der Abstellkammer.

Die Utensilienbox beinhaltet folgende Boxen:

Bürokrambox:	Briefumschläge, Briefmarken, Stifte, Radiergummi, Tesa usw.
Haushaltszeugbox:	Schere, Schnur, Klebeband usw.
Werkzeugbox:	Hammer, Zange, Schraubenzieher, Nägel usw.
Elektrozeugbox:	Glühbirnen, Batterien usw.
Nähzeugbox:	Fäden, Nadeln usw.
Schuhputzzeugbox:	Schuhcreme, Bürste, Lappen usw.
Medikamentenbox:	Pillen, Sirupe, Rezepte usw.

Je nach Größe der Schublade bzw. Menge der Gegenstände richtest Du die unterschiedlichen Boxen in einer gemeinsamen Schublade ein. Zum Beispiel die Haushaltsbox und die Werkzeugbox in der gleichen Schublade.

Wenn Deine Utensilienbox kleine Schubladeneinsätze hat, legst Du die Gegenstände direkt in die Schublade. Um ein Rutschen der Gegenstände zu vermeiden oder bei größeren Schubladen, empfehlen wir, Boxen, Boxendeckel oder andere Schubladen-Trenner in die Schubladen zu legen und die kleinen Gegenstände fein säuberlich darin einzuordnen.

Damit die Boxendeckel nicht rutschen, befestigst Du diese mit Doppelklebeband am Schubladenboden.

In Deiner Utensilienbox bewahrst Du zukünftig alle Haushalt-Basics zentral und gut zugänglich auf, zum Beispiel im Flur, in der Abstellkammer oder in einer großen Küche.

Hast Du eine Schrift, die Dir gefällt, so beschrifte jede Schublade mit dem entsprechenden Thema. Dadurch vermeidest Du das ärgerliche Herausziehen aller Schubladen, bis Du schließlich zur gewünschten Schublade gelangst.

Möchtest Du einen ausrangierten, sterilen Büromöbel-Schubladenkasten als Utensilienbox benutzen? Streiche, besprühe oder gestalte diesen in Deinem Lieblingsdesign! **Alternativ stellst Du ihn einfach in den Einbauschrank im Flur.**

Klassische Bereiche

Zu Deiner Inspiration und zum Festigen Deines Verständnisses geben wir Dir auf den folgenden Seiten praktische Tipps für Küche, Schlafzimmer, Keller & Co.

Zur Erinnerung: Der RÄUM DICH FREI Prozess (Kapitel 3) ist die Basis für das Aussortieren aller Bereiche. Also:

1. Einsammeln (siehe Seite 79)

2. Vorselektion (siehe Seite 80)

3. Vorselektion würdigen (siehe Seite 85)

4. Nachselektion (siehe Seite 88)

5. Abschluss (siehe Seite 92)

6. Einordnen (siehe Seite 98)

7. Entsorgen (siehe Seite 104)

8. Mentaler Ausklang (siehe Seite 106)

Abstellkammer

Damit die Abstellkammer nicht zur Gerümpelkammer verkommt

Auf die Abstellkammer haben wir schon oft verwiesen. Wer das Glück hat, eine solche zu besitzen, der hat genauso den Fluch, denn eine Abstellkammer birgt die hohe Versuchung, einfach mal abzustellen und dann zu vergessen! Damit diese Einladung sich gar nicht erst einschleicht, brauchst Du ein klares Konzept. Was kommt rein und was bleibt draußen?

> „Wertschätze Deine Abstellkammer
> genauso wie jeden anderen Raum."

Die Abstellkammer ist ein passender Ort für die 5 Ordnungsassistenten, technische Geräte sowie sauber und luftig eingeordnete Regale.

Nutzt Du Deine Abstellkammer auch als Arbeitsbereich oder vielleicht als Meditationsräumchen? Dann trenne die Nutzfläche von der Lagerfläche klar ab. Damit widmest Du Deine volle Aufmerksamkeit Deinem Thema (Arbeiten, Meditation etc.).

Nicht in die Abstellkammer gehören: hineingeschmissene und unaufgeräumte Gegenstände, Boxen, Müllsäcke usw.

Arbeitsbereich

Braucht man denn heute wirklich noch ein Arbeitszimmer?

Diese Frage stellen sich immer mehr Menschen in unserem digitalen Zeitalter. Wie denkst Du darüber?

Wir haben eine zweischneidige Einstellung zu dieser Frage. Das spürst Du an mehreren Stellen in diesem Buch.

Um es kurz zu machen: Wenn Du ausschließlich mit Laptop und Handy unterwegs bist, brauchst Du definitiv kein Arbeitszimmer und auch keinen Schreibtisch! Ordner, Drucker, Router, Ladestation für Laptop, Handy & Co. lassen sich in jedem normalen (Einbau-)Schrank oder in der Abstellkammer verstauen. Minimiere den Kabelsalat und lege die Stromzufuhr zu diesem Bereich über die Rückwand des Schranks.

Bürokram geht in eine kleine Bürokrambox.
> „Bürokram" (siehe Seite 131)

Papiere empfehlen wir grundsätzlich, digital aufzubewahren.
> „Digitaler Papierkram" (siehe Seite 154)

Du hast einen Bildschirm? Arbeitest Du damit überhaupt? Ja? Dann solltest Du Dir eine kreative Möglichkeit überlegen, wie Du Deinen Bildschirm unauffällig und platzsparend positionieren kannst. Keine Sorge, die Möbelindustrie denkt diesbezüglich mit. Google doch mal den Suchbegriff „Computerschrank" oder ähnliches. Du erhältst eine breite Auswahl an unauffälligen, cleveren und teilweise sehr schicken Möbelstücken zur Auswahl. Ähnlich dem alten Sekretär, jedoch mit Kabelkanal, ausziehbarer Tischplatte und Möglichkeiten zum Verstauen von Ordnern und Arbeitsmitteln.

Doch selbst wenn Du Dir so ein Möbel nicht zusätzlich kaufen willst – denn wir wollen ja reduzieren, nicht zulegen –, haben wir hier ein paar Anregungen für Dich. Denke mal drüber nach, …

a. Einen Steharbeitsplatz in der nun fast leeren Abstellkammer einzurichten?
b. Einen kleinen Arbeitsbereich durch einen Vorhang oder einen schönen Paravent abzutrennen?
c. Den Arbeitsplatz auf den Dachboden zu verlegen?
d. Einen Platz in einem Einbauschrank zu installieren?

Lese dazu auch unsere Anregungen zur Frage: „Wie nutze ich einen Raum für komplett unterschiedliche Bereiche?" auf Seite 193.

Bekleidung

Wusstest Du, dass Frauen nur 10 % ihrer Garderobe tragen? Das sind, genau betrachtet, Deine Lieblingsstücke. Und nur diese gehören in Deine Ankleide! Alle ordentlich einsortiert, um Dein Wohlbefinden zu steigern und Deine Attraktivität herausheben zu dürfen.

Doch bevor es ans Einsortieren geht, solltest Du erstmals tüchtig Aussortieren! Ganz genau, Du sortierst nach dem Dir nun vertrauten Ablauf aus. Bearbeite Gegenstandsgruppe um Gegenstandsgruppe. Du beginnst z.B. mit den Hosen: Sammle alle Deine Hosen im ganzen Zuhause ein. Denke auch an etwaige Hosen im Keller, in der Schmutzwäsche oder auf dem Dachboden. Lege die eingesammelten Hosen auf Dein Aussortiertuch. **Und dann selektiere daraus Deine Lieblingshosen. Damit Du nicht erschrickst,** an dieser Stelle ein Hinweis: Erfahrungsgemäß werden nur wenige Hosen auf das grüne Bleibt-Tuch verschoben und der größte Teil landet auf dem roten Geht-Tuch (siehe Levis 501 Beispiel 3 Absätze weiter unten). Noch ein Wort zu den Jacken: sammle unbedingt auch Jacken und Mäntel aus der Garderobe im Flur ein.

Zwischenfrage von baldigen Aussortier-Cracks:
>   Gibt es denn eigentlich Kleidungsstücke,
>   die ich nie aussortieren sollte (Must-haves)?

Nein! Denn was bringt Dir ein „Must-have"-Teil, beispielsweise ein dicker Winterpullover, wenn Du Dich selbst bei klirrender Kälte fragst, ob Du ihn wirklich anziehen sollst, denn eigentlich (und meist unbewusst) fühlst Du Dich darin unförmig und total unschick? Geht es Dir damit während der Entscheidung und während des Tragens wirklich gut? Wir glauben nicht. Wahrscheinlich ärgerst Du Dich eher über den Pullover, Deine Figur oder das kalte Wetter ...

Früher hatte ich, Daniela, in meinem Kleiderschrank mindestens 8 Jeanshosen. Levis 501 und andere Jeans aus diesem harten Material. **Jedes Mal, wenn so eine Jeans angemessen zum Tragen gewesen wäre**, habe ich mich gescheut, sie anzuziehen. Ich fühlte mich in diesen harten Jeans völlig in meinen Bewegungen eingeschränkt. **Musste ich mich bücken**, ist mir die Jeans über den Po gerutscht. Und jedes Mal, wenn ich diesen Jeans-Stapel in meinem Kleiderschrank sah, habe ich mich unbewusst darüber geärgert, dass diese Jeans unberechtigterweise Platz in meinem Schrank stahlen, denn ich zog sie ja sowieso nicht an. Trotzdem war ich der Meinung, Jeans gehören in jeden Kleiderschrank. Deshalb blieben sie da liegen. **Unbenutzt und ungeliebt.**

Heute sind diese harten Jeans weg – ersetzt durch 2 Jeggins (Jeans-like Hosen aus weichem Material). Ein Traum, diese anzuziehen! Darin sehe ich nicht nur gut aus, ich fühle mich sogar noch richtig wohl in diesen Hosen! Ich kann mich bücken, frei bewegen und könnte sogar Yoga-Übungen damit machen.

Deshalb gehören in Deine Ankleide, wie auch in Dein restliches Zuhause, ausschließlich Teile, die Dir guttun! **Deine Lieblingsstücke eben. Kleidungsstücke, an denen Du Dich erfreust, wenn Du sie siehst, auswählst und tragen darfst.**

Tipp der Autoren:

> Bist Du noch im Besitz einer mobilen Kleiderstange? Sie eignet sich während des Aussortierens gut zum Zwischenhängen von Kleidern, Röcken, Blusen, Jacketts, Pullovern und anderen hängenden Kleidungsstücken.

Zum Aussortieren der Bekleidung gehört auch das Aussortieren von Schuhen. Wir widmen uns diesem wichtigen Thema im Abschnitt Flur auf Seite 134.

Kleidungsstücke einordnen:
Du hast eine Menge Teile ausrangiert und nun bestimmt richtig viel Platz in Deiner Ankleide oder in Deinem Kleiderschrank gewonnen. Wir raten übrigens wiederholt zu einer Ankleide ☺.
Hänge möglichst viele Teile an Kleiderbügeln auf. Also auch T-Shirts und Pullover. Das macht nicht nur das Einordnen nach der Wäsche, sondern auch das Auswählen zum Anziehen einfacher. Verwende dazu einheitliche und hochwertige Kleiderbügel z.B. aus Holz.

Dadurch entsteht Ruhe im Kleiderschrank und Du empfindest Deine Kleidungsstücke als edel und hochwertig. Du weißt schon, genauso, als würdest Du in einem tollem Modegeschäft einkaufen gehen und Dein Herz spränge vor Freude beim Anblick der schicken Klamotten.

Außerdem gibt es in Deiner Ankleide Schubladen, Boxen oder Körbe für Wäsche, Leggins, Strümpfe, kurze Hosen und Sportbekleidung. Alle Kleidungsstücke ordentlich zusammengelegt und aufgestellt.

Wir sind sehr dankbar für diese Aufstell-Methode, die wir bei Marie Kondo abgeguckt haben, und legen Dir diese Möglichkeit wärmstens ans Herz. Mit der Aufstell-Methode macht es richtig Freude, eine Schublade zu öffnen und ein Kleidungsstück auszuwählen, denn Du hast einen wunderbaren Überblick über alle, sich in der Schublade befindenden Kleidungsstücke. Die Methode ist darüberhinaus auch sehr platzsparend. Bei Interesse findest Du in Marie Kondos „Das große Magic-Cleaning-Buch" detaillierte Anleitungen zum Zusammenlegen der verschiedensten Kleidungsstücke.

Aber Du musst ja nicht unbedingt Aufstell-Experte/in werden, und deshalb reicht unsere folgende, kleine, pragmatische Anleitung für Deinen Hausgebrauch vollkommen aus:

Damenslips:
Intimbereich nach oben falten, dann linke und rechte Hälfte einklappen. Danach einmal quer in der Mitte durchfalten, sodass Du ein kleines, kompaktes Paket hast, dass Du aufstellen kannst. Mit Aufstellen meinen wir, dass das Paket nicht flach auf dem Untergrund liegt, sondern aufrecht auf der offenen Kante (diejenige mit den einzelnen Stofffaltungen) steht.

Du stapelst nämlich Deine Slips zukünftig nicht mehr aufeinander, sondern reihst sie hintereinander in Deine Schublade ein. Je nach Größe der Schublade, stehen dann 2 oder mehr Reihen nebeneinander. Mit der Aufstell-Methode hast Du von nun an den totalen Überblick über alle Slips.

Herrenunterhosen:

Falte zuerst die linke und dann die rechte Seite ein und klappe danach den Intimbereich nach oben. Jetzt faltest Du noch zweimal quer. So stehen die Unterhosen auf der offenen Kante. Danach verfährst Du gleich wie bei den Damenslips.

Leggings:

Diese faltest Du einmal längs und dann so lange quer, bis Du ein stehendes Paket erhältst.

Kurze Hosen:

faltest Du wie Herrenunterhosen.

Sportbekleidung:

bringt aufgehängt eine Unruhe in die Ankleide und wird deshalb kompakt zusammengefaltet, aufgestellt und in eine Sportschublade/-box eingereiht.

Tücher/Schals:

Diese werden ebenfalls zu einem Paket zusammengefaltet und aufgestellt in eine Schublade/Box eingeordnet.

Hängende Kleidungsstücke:

Diese organisierst Du luftig, das bedeutet, mit genügend Leerraum dazwischen. Deine Lieblingsstücke sollen ja Platz zum Atmen und entfalten haben.

Tipp der Autoren: Ungeliebte Kleidungsstücke neu einfärben!

Eine wunderbare Alternative, um helle, ungeliebte Kleidungsstücke (z.B. vergilbte T-Shirts) **wieder zu erstrahlenden Lieblingsstücken** zu erwecken, ist das Einfärben in eine neue, frische Farbe. Voraussetzung: Deine Kleidung darf nur einen geringen Anteil an Kunstfasern besitzen. Dann funktioniert das Färben ganz leicht – in der Waschmaschine. Wir haben die **brillanten Textilfarben** der Firma Simplicol für uns entdeckt. Toll auch für Träger und Trägerinnen von dunklen Kleidungsstücken: Es gibt sogar „Back-to-Black"- oder „Back-to-Blue"-Refresher!

Zwischenfrage: Wie soll ich die Ankleide sortieren?
Nach Farben oder nach Saisons?

> Das Sortieren nach Saison vernachlässigen wir. Die Jahreszeiten sind heute nicht mehr klar abgegrenzt bzw. verwässern sich. Heute sind kreative Kombinationen durch die verschiedenen Jahreszeiten hindurch angesagt. So ziehst Du auch mal im Sommer einen warmen Pullover an oder trägst im Winter ein schickes kurzärmliges Sommer-T-Shirt unter Deinem warmen Winterblazer.

Wir raten, innerhalb der Gegenstandsgruppe, also z.B. innerhalb von Hemden, nach Farbe zu sortieren. Die Ordnung nach Farbe vermittelt Ruhe und lässt Deinen Kleiderschrank harmonisch und einladend erscheinen.

Wir erinnern gerne noch einmal an unseren allgemeinen Grundsatz:
Dein Kleiderschrank soll Dir immer Freude bereiten! Nicht nur um Kleidungsstücke auszuwählen und anzuziehen, sondern auch um Frischgewaschenes nach der Wäsche einzusortieren.

Zukünftig Ordnung halten:
siehe Grundsätze zum Ordnunghalten auf Seite 112.

Entsorgung bzw. Verkauf Deiner Kleidungsstücke:
Verkauf oder Altkleidersammlung? Vielleicht pickst Du die verkaufstauglichen Stücke heraus und gibst den Rest in die Altkleidersammlung? Mögliche Secondhand-Online-Verkaufsportale sind z.B. remixshop.com oder momox.de. **Checke bei den Portalen den angebotenen Verkaufspreis.** momox hat bezüglich der Annahme von Kleidungsstücken öfters Aufnahmestopps von Artikeln. Dafür erhältst Du bei momox Deinen **Verkaufserlös kurz nach dem Eintreffen Deines Paketes beim Wiederverkäufer** und nicht erst, wenn die Kleidungsstücke tatsächlich verkauft worden sind (wie beim remixshop). Beide ReCommerce-Plattformen nehmen nur Artikel in Topzustand an. Ansonsten werden sie auf Deine Kosten zurückgeschickt oder an Hilfsorganisationen gespendet. Weitere Secondhand-Online-Verkaufsportale auf Seite 221.

Bücher

Viele Menschen leben nach dem Grundsatz: „Bücher wirft man nicht weg.“ Deshalb gibt es jetzt momox! Damit ermöglichst Du anderen Menschen, Deine ausrangierten Bücher zu lesen.

Ich, Daniela, habe bei meinem länderübergreifenden Umzug Hunderte von Büchern in die Altpapiersammlung und damit Hunderte, wenn nicht Tausende von Euros in die Tonne geworfen! Mir graute schlichtweg davor, meine wertvolle Zeit mit dem Verkauf von Büchern zu verplempern.

Mittlerweile weiß ich, dass es diverse Online-Bücherverkaufsportale gibt, die mir die unliebsame Verkaufsaktivität abnehmen. Empfehlen können wir wiederum momox.de*. **Der große Vorteil bei momox**: Du musst Dich nicht gedulden, bis Deine Bücher einen neuen Besitzer gefunden haben. Das Verkaufsrisiko liegt bei momox und Du erhältst Dein Geld bereits wenige Tage nach Versand Deines Bücherpakets. Der Verkauf geht spielend leicht:

a. **Eröffne ein Benutzerkonto auf momox.de (bzw. .at). Noch effizienter: lade die momox-App auf Dein Handy und nutze Dein Smartphone als Barcode-Scanner!**

b. **Nun gehst Du Buch für Buch durch und tippst die ISBN-Nummer in das momox-Verkaufsportal ein bzw. scannst mit dem Handy den ISBN-Barcode.** momox gibt Dir sogleich den Preis, den Du für das Buch erhältst (unabhängig davon, ob es nun wirklich verkauft wird oder nicht). Bücher, die sehr gefragt sind, und insbesondere Fachliteratur werfen um einiges mehr ab als zum Beispiel Kochbücher, für die Du manchmal nur einen symbolischen Wert erhältst.

c. **Hast Du alle Bücher eingetippt bzw. eingescannt, dann drucke nun den Verkaufsschein und die Adressetikette aus. Verpacke und etikettiere die Bücher.** Hast Du keine leeren Kartonschachteln mehr (Du hast ja sicher schon alle entsorgt!), dann behilf Dir mit stabilen Plastiktüten. Erstelle ein kompaktes und gut geschütztes Paket, indem Du die Tüte mehrmals um die Bücher herumwickelst und mit einem starken Packklebeband verklebst.

d. Bring das Paket zum zuständigen Versandservice oder lass es abholen.
   Der Versand mit Hermes und DHL ist versandkostenfrei!

e. Ist momox mit der Qualität Deiner Bücher zufrieden, hast Du bereits
   wenige Tage später das Geld auf Deinem Bankkonto. So einfach geht's!

Beachte, dass Du nur tadellose Artikel an momox sendest. Bei Kleidung prüfe
die korrekte Kategorisierung. momox ist diesbezüglich sehr streng. Mehrere
Fehleinlieferungen können sogar zu einer Benutzerkontosperrung führen!

Tipp der Autoren:

Erinnerst Du Dich an Matthias und seinen Trophäenraum (Beispiel auf Seite 28)?
Sein Arbeitszimmer und seine Bücherwand waren vor seiner Aufräumaktion
vollgepackt mit größtenteils un- oder angelesenen Büchern. Unbewusst erfüllten
diese Bücher nur einen einzigen Zweck: Sie mussten Matthias Gewissen und
insbesondere seinen Besuchern beweisen, wie belesen, intelligent und wertvoll er
ist.
Und nun fragen wir Dich: Welchen Zweck erfüllen überhaupt Deine Bücher?

Übrigens: Freiräume zwischen den Büchern sind erlaubt und erwünscht! Damit
entfalten und präsentieren sich Deine Lieblingsbücher in ihrer ganzen Fülle.

Bürokram

Arbeitsbereich, Papierkram und Bürokram

Die Gedanken zum Arbeitsbereich lassen wir an dieser Stelle außen vor und
kümmern uns um die Essentials: **Das Aussortieren der notwendigsten
Bürokramutensilien.**

Erinnere Dich:
Widerstehe der Verlockung, aus dem Schrank heraus auszusortieren.
> **Regel 10! Geh strikt nach dem Standard Aussortierablauf vor:**
1) Einsammeln, 2) Vorselektion ... usw.

Guck Dir Dein Aussortiertuch und die darauf wartenden Büroutensilien an. Zieh Deine essenziellen Lieblingsstücke heraus! Erfahrungsgemäß sind das nur wenige Gegenstände: Ein schöner Stift, die qualitativ hochwertigen Briefumschläge, der Lieblingsradiergummi und 1, 2 Dinge mehr.

Den Rest kippst Du weg! Genau, Du hast richtig gelesen, denn Dein Locher nervt Dich seit Jahren oder Jahrzehnten. Seine Halterung ist abgebrochen und der Behälter für die ausgestanzten Papierteile hat einen Riss. Kauf Dir einen neuen, qualitativ hochwertigen Locher. Stylish und in Deiner Lieblingsfarbe. **Jawohl, Dein Locher muss Dich glücklich machen!**

Zwischenfrage als Anregung: Brauchst Du überhaupt einen Locher?

Wir verweisen auf den Abschnitt
Digitaler Papierkram auf Seite 154.

Du hast jetzt Deine essenziellen Lieblingsstücke herausgeschält und den Müll weggekippt. **Richte nun Deine Bürokrambox ein. In diese Schachtel gehören:**

- Briefmarken (für große und kleine Briefe)
- Briefumschläge (groß und klein)
- Schönes Schreibpapier
- DIN-A4-Block
- Bleistift
- Kugelschreiber
- Füllfeder
- Schere
- Radiergummi
- Kleber
- Tesa
- Büroklammern
- Allenfalls Locher und Heftapparat (Bostitch, Tacker)

That's it! Mehr braucht der moderne Mensch im Standardprogramm nicht.

Deine Bürokrambox muss gut zugänglich und schön einsortiert sein. Sie muss Dich richtiggehend dazu motivieren, Deine Administrationsarbeiten schnell und ordentlich abwickeln zu wollen. Wir empfehlen, die Bürokrambox in die Utensilienbox zu integrieren **> siehe dazu Abschnitt Ordnungsassistenten/Die Utensilienbox auf Seite 121.**

Beleuchtung

Hilf Dir mit folgenden Tricks, um nicht alle Leuchten/Lampen demontieren und auf das Aussortiertuch legen zu müssen: **Nimm ein Stück Papier und zeichne jede Lampe, Leuchte oder Laterne in Deinem Haus auf dieses Papier ein.** Das muss nicht schön gemalt sein, nur „Handgelenk x Pi" skizziert. Jetzt nimm einen Marker und selektiere auf dem Papier Deine Lieblingsleuchten. Die unmarkierten fliegen weg.

CDs, DVDs und Spiele

CDs, DVDs und Spiele kannst Du über momox.de verkaufen. Hierzu verweisen wir auf den Abschnitt Bücher.

Dekoration

Platziere sämtliche Dekogegenstände aus Deinem Zuhause auf dem Aussortiertuch. Welche davon beflügeln Deine Passion und lassen Dein Herz erwärmen?

Einkaufstüten

Herumfliegende, zerknüllte und schäbig daherkommende Einkaufstüten haben bei Dir nichts verloren!

2 bis 3 qualitativ hochwertige Einkaufstaschen reichen aus.

Wenn Du tatsächlich – nicht schwindeln – zu den Menschen gehörst, die alte, zerknüllte Einkaufstüten wiederverwenden, dann behältst Du einen kleinen Vorrat an zerknüllten Plastiksäcken und Tüten zurück. Aber bitte nicht lieblos in die Ecke geworfen oder wahllos in eine Schublade gestopft, sondern, wenn dann, ordentlich verstaut.

Eine große Auswahl an „Tütensammlern" findest Du auf Amazon. Alternativ faltest Du die Tüten schön und ordnest sie in einen Korb ein.

Flur

Der Flur ist unsere Transferzone. Hier treten wir in unser Zuhause ein und von hier aus gehen wir wieder in die weite Welt hinaus.

In den Flur gehört: Eine Garderobe für Jacken, Schuhe und Accessoires, ein Spiegel und ein Platz (Brett, Schale) für Schlüssel.

Abhängig von der Größe Deines Flurs, ist er auch das optimale Zuhause der 5 Ordnungsassistenten: Aktionsfläche, Entsorgungsstation, Papierkramstation, To-Do-System und Utensilienbox.

In die Garderobe des Flurs gehört eine Kleiderstange mit wenigen, übersichtlich gehaltenen Jacken und Mänteln. Überquellende Garderoben sind ein Graus. Hänge nur Jacken und Mäntel zum Überziehen in Deiner Garderobe auf. Leichtere Jacken, Blazer und Jacketts finden ihr Heim in der Ankleide des jeweiligen Hausbewohners. **Auch in die Flur-Garderobe gehören – selbstverständlich – Holzkleiderbügel.**

Kinder müssen ihre Jacken und Mäntel eigenhändig heraussuchen und anziehen können. Sind die Kinder noch klein, so installiere auf Kinderhöhe angebrachte Wandhaken.

Ungeliebte Schuhe stehlen oft wertvollen Raum in Garderobe und Eingangsbereich und lassen diesen wichtigen Dreh- und Angelpunkt zu einem unordentlichen Fleck verwahrlosen.

Reduziere Dein Schuhwerk auf wenige, gepflegte Lieblingsstücke. Schuhe, die Du wirklich trägst und die Deinem Auftritt und Deinen Füßen schmeicheln. Schuhe stehen ordentlich eingereiht im Schuhschrank oder ansonsten logisch gruppiert im offenen Regal. **Auf keinen Fall stehen sie am Boden,** denn das verhilft einer eventuellen Nicht-Staubsaugen-Wollen-Ausrede zum Steilpass.

Festliche oder sehr schicke Schuhe, die Du im Alltag selten trägst, kannst Du auch in Deiner Ankleide, zusammen mit der festlichen Bekleidung, einordnen.

Mützen, Handschuhe und Wollschals ordnest Du mittels der Aufstell-Methode (siehe Abschnitt Bekleidung auf Seite 125) in eine Kiste oder Schublade ein. Jedes Familienmitglied hat seine eigene Kiste und ist für die Ordnung dieses Behälters eigenständig verantwortlich.

Denke auch an ein geeignetes Zuhause für Hand- und Aktentasche sowie Schirme.

Hand- bzw. Aktentasche oder Umhängetasche

Meine Tasche enthält mein halbes Leben … Deine auch?

Bist Du eine Frau? Nimm Deine Handtasche, leere den gesamten Inhalt auf das Aussortiertuch und picke Dir Deine Herzensgegenstände heraus.

Männer, Ihr vollzieht das Gleiche mit Eurer Aktentasche oder Umhängetasche!

Frauen sortieren ihre Herzensgegenstände in kleine – vor allem schöne – Täschchen ein. **Zum Beispiel in folgende 4 Themen-Täschchen:**

Kosmetik: Lippenstift, Puderdose, Handcreme, Tampons, Haargummi
Notizen: Stift, Marker, Post-it
Alltagshelfer: Faltbare Einkaufstüte, Tischhaken
Kleinkram: Kaugummi, Kopfhörer, Stressball, Taschentücher

Das Handy und der Schlüsselbund kommen in ein kleines Innen- bzw. Außenfach der Handtasche. Die Täschchen und der Geldbeutel werden fein säuberlich in die Handtasche eingeordnet.

Bei Männern bieten sich Etuis oder Beutel an, um kleine Gegenstände einzuordnen.

Regel A

Es gibt keine kleinen, losen, in der Gegend herumfliegenden Gegenstände in der Hand- oder Aktentasche.

Regel B

Es wird kein Müll einfach mal so „schnell" in der Tasche zwischendeponiert. Ein Kaugummipapier bleibt so lange in Deiner Hand, bis Du es an einen Müll-eimer abgeben kannst.

IT-Geräte

Erlaube Deinen IT-Geräten wie Router, Computer, Tablet, Handy inklusive dazugehörenden Ladestationen einen gemeinsamen und ehrenvollen Platz. Diese Zentralisierung wird Deinem Zuhause eine wunderbare Ruhe verleihen. Geeignete Orte sind: Abstellkammer, Arbeitsbereich, Schrank (mit Kabelan-schluss).
> siehe Abschnitt Arbeitsbereich auf Seite 123.

Keller und Dachboden

Wenn ich nicht weiß, wohin, erstmal ab in den Keller ...

Wie betrittst Du Deinen Keller am liebsten?

1. Chaotisch. Unordentlich. Staubig. Vollgestopft. Wackelig aufgetürmt.
   Gesuchter Gegenstand nicht auffindbar.

2. Geordnet. Einladend. Logisch sortiert. Sauber. **Nur Lieblingsgegenstände.**

Sei ehrlich: Ein schön sortierter Keller macht Freude! Deswegen ist weder Dein Keller noch Dein Dachboden eine Gerümpelkammer!

In den Keller oder auf den Dachboden gehen **Gegenstände, die Du sporadisch benötigst**:

○ Alte Akten (Dauer entsprechend Aufbewahrungspflicht)
○ Kinderfahrzeuge (Roller, Fahrrad)
   > wohl eher in den Keller – nicht auf den Dachboden
○ Reisekoffer und Rucksäcke
○ Outdoor-Gegenstände wie: Gartenartikel, Grillutensilien, Spiele, Textilien
○ Saisonale Artikel wie Fasching, Weihnachten, Skibekleidung
○ Profiwerkzeuge (wenn Du mehr als einen Hammer, eine Zange, einen Schraubenzieher und ein paar Nägel besitzt)
   > Die Grundausstattung bleibt ja in Deiner Wohnung in der Utensilienbox/ Werkzeugbox.

„Ordne kleine Gegenstände nach Themen sortiert
in durchsichtige Boxen ein. Diese gibt es u.a. beim
schwedischen Möbelhaus IKEA zu kaufen."

Weder in den Keller noch auf den Dachboden gehören Gegenstände, die nicht mehr benutzt werden bzw. ausrangiert wurden oder für „falls" aufbewahrt werden wie Erinnerungsstücke und so weiter und so fort – Du weißt schon, was wir damit meinen. **Hier ein paar beliebte Beispiele:**

○ Kleidung: Diese gehört in die Ankleide, in die Garderobe oder in die Altkleidersammlung. Kleidung im Keller ist nur eine Entschuldigung um diese nicht wegwerfen zu müssen. **Oder gehst Du etwa zum Anziehen in den Keller?**
○ Geschirr gehört in die Küche (siehe Erklärung Kleidung)
○ Bücher (genau das Gleiche)
○ Erinnerungsgegenstände, dito
○ Sammlungen, z.B. Briefmarkensammlung
○ Babykleidung
○ Alte Küchengeräte, Haushaltswaren, Töpfe etc.
○ Alte Computer
○ Alte Handtücher
○ Ordner und Dokumente, die Du **gesetzlich nicht aufbewahren** musst
○ Alte CDs und Platten
○ Alte Handtaschen
○ Kosmetika etc.
○ Ersatz-Bettzeug
○ Elektrogeräte
○ Gesellschaftsspiele
○ Zeitschriften
○ Alte Notizen aus der Schule
○ Alte Kinderspielsachen
○ Putzutensilien: … Ein guter Grund das Putzen immer zu verschieben: **„Ich habe jetzt keine Lust in den Keller zu gehen."**
○ usw.

> **Mehr zum Thema Keller und Dachboden findest Du unter der Frage:** „Warum muss ich auch den Keller, den Abstellraum und sogar den Garagenplatz als Raum festhalten?" > auf Seite 191.

Kinder

„Räum endlich Dein Zimmer auf!" gehört von nun an der Vergangenheit an.

Zugegeben, anfangs investierst Du Zeit. Doch wenn der Grundstein zur Ordnung gelegt ist, läuft's im Kinderzimmer wunderbarerweise wie von selbst.

Als Aufräumcoach fürs Kinderzimmer beachte bitte die folgenden Grundsätze:

1. Sortiere zuerst Deine eigenen Bereiche aus und sammle damit die nötige Erfahrung, um Dein Kind zielgerichtet und zügig zu begleiten.

2. Dein Kind muss freiwillig ausmisten wollen. Zwinge es nicht zum Aufräumen, dann ist der Widerstand und die Frustration vorprogrammiert. Lebe stattdessen Deinem Kind ein befreiendes und spielerisches Aussortieren vor. Lasse es spüren, wie erfüllend es ist, inmitten von Lieblingsstücken leben zu dürfen!

3. Die Bearbeitung des Kinderzimmers dauert länger als das Aufräumen Deiner eigenen Räume. Kinder lassen sich öfters von ihren wiedergefundenen Gegenständen ablenken und die vielen kleinen Gegenstände im Kinderzimmer führen zu einer zeitintensiven Bearbeitung. Teile das Kinderzimmer-Aufräumprojekt in viele kleine Häppchen auf, an denen Ihr täglich konsequent 1 bis 2 Stunden arbeitet.

4. Ist Dein Kind älter als 3 Jahre? Dann entscheidet es selbst, was Bleibt und was Geht. Akzeptiere seine Entscheidung. Natürlich kannst Du Dein Kind coachen bzw. kritisch hinterfragen. Doch wenn die Entscheidung klar ist, musst Du das respektieren. Ausnahmen dazu liest Du weiter unten.

5. Gehst Du gerne auf Flohmärkte? Arbeite auf das nächste Flohmarkt-Event hin und kommuniziere Deinem Kind, dass es der Verkaufschef sein wird. **Welch Motivation, um möglichst viele Gegenstände zum Verkauf heraussuchen zu dürfen!**

6. Arbeiten unter Zeitdruck verleiht Flügel. Dein Kind entscheidet schneller und richtiger – nämlich nach Gefühl. Kommuniziere Deinem Kind: „Diese Schachtel haben wir bis 16:20 Uhr fertig aussortiert. Dauert es länger, dann geht die Überzeit von der Spielzeit weg."

Das Aufräumen des Kinderzimmers verläuft analog zu Deinen Bereichen:

1. Lege die Bereiche im Kinderzimmer fest, zum Beispiel: Schule & Lernen, Spielsachen, Musik, Bekleidung, Sammelsurium. Gegenstandsgruppen im Bereich Spielsachen könnten sein: Puppen und Kuscheltiere, Lego, Spielanlagen etc. Eine Auswahl an Bereichen und Gegenstandsgruppen findest Du in der Zuordnungsmatrix auf Seite 172.

2. Beginne mit einem einfachen Bereich, das bedeutet ein Bereich ohne große emotionale Verknüpfungen. Ein einfacher, neutraler Bereich wäre „Bekleidung". Ein Bereich mit einer großen emotionalen Verknüpfung wäre „Sammelsurium" oder „Andenken".

3. Sammle nun gemeinsam mit Deinem Kind alle Kleidungsstücke ein. Lege diese sortiert nach Gegenstandsgruppen (Hosen, T-Shirts, Unterwäsche etc.) auf das Aussortiertuch. Denke auch an die Kleidungsstücke aus dem Flur, Keller oder aus der Schmutz- und Frischwäsche.

4. Dein Kind setzt sich in die Mitte der Aussortierstation. Setze Dich neben Dein Kind und bereite es mental vor, indem Du die Aufräumaktion als Spiel verpackst. Ein Spiel, das so richtig Spaß macht.

5. Das Kind darf sich nun seine Herzensstücke herauspicken.

6. Die anderen Gegenstände wirft es mit einem „Danke" und einem „Alles Gute" in den Altkleidersack.

Regeln zum Aussortieren von Kinderbekleidung:
Kinder und Erwachsene haben oft unterschiedliche Vorstellungen von „Lieblingsstücken".

○ Dein Kind mag per se keine Pullover oder Hemden? Jetzt hat es seine langersehnte Chance! Es darf alle Pullover und Hemden entsorgen. **Nein! Natürlich geht das nicht.** Deswegen definierst Du vor dem Aussortieren der Pullover (bzw. Hemden) eine Regel: z.B. „3 Pullover werden zu Deinen Lieblingspullovern. Über die Verbleibenden entscheidest Du frei."

○ Du als Elternteil hast die Befugnis, zerlöcherte, zerbeulte, fleckige oder zu kleine Kleidungsstücke auszusortieren.

Tipps:

○ Kinder pinnen häufig Eintrittskarten, Ausschnitte und andere wichtige Papierschnitzel an ihre Zimmerwand. Dieses Sammeln an der Wand rückt das Kinderzimmer in ein unruhiges und unordentliches Licht. Besorge große Bilderrahmen und lege die Zettel stattdessen dort hinein.

○ Gehört der ausgeschnittene Fußballer nun zum Bereich „Fußball" oder zum Bereich „Andenken"? Mach Dir darüber keine Gedanken. Teile ihn zügig und intuitiv ein. Kleine und übrig gebliebene Gegenstände legt Ihr in den Bereich „Sammelsurium". Diesen Bereich bearbeitet Ihr zum Schluss.

○ Beim Einordnen der Kinder-Kleidungsstücke gelten die Einordnungstipps und die Aufstell-Methode gemäß Abschnitt Bekleidung. T-Shirts von älteren Kindern hängt Ihr an Kleiderbügel. **Jüngere Kinder können noch nicht eigenständig zum Bügel hochgreifen.** Diese T-Shirts faltest Du und stellst sie, hintereinander, in mehreren Reihen geordnet, in die Schublade hinein.

Stapel keine T-Shirts auf herkömmliche Art und Weise übereinander! Ihr beide, Du und Dein Kind, verliert den Überblick und das unvorsichtige Hervorziehen von darunterliegenden T-Shirts führt zum Dauer-Chaos.

Körperpflege

Gleicht Dein Badezimmer einem Lager an Shampoos, Kosmetikartikeln, After Shaves und Wattestäbchen?

Kaufst Du Dir ständig neue Wimperntuschen, obwohl Du bestimmt noch alte und mittlerweile angetrocknete Kartuschen herumliegen hast? Selbst wenn Du Deine Badezimmer-Vorräte vorbildlich überblickst, ist dieser Raum doch ein beliebter Ort, um „Krempel" ansammeln zu lassen. Miste ihn aus und reduziere auf das Wesentliche!

Aussortieren:
Mittlerweile ist das Aussortieren-Prozedere bestimmt schon zu Deiner neuen Gewohnheit geworden. Also los!

Kippe Kosmetikartikel, Proben, Deodorants, Shampoo-Flaschen, Zahnpasta-tuben, Rasierklingen, Haarspangen, Bürsten, Sonnencremes und Co. **auf das graue Aussortiertuch.** Sammle sämtliche Utensilien ein! Also auch Kosmetika aus Deinem Schminktäschchen, Zahnpasta aus dem Gäste-WC und Handcremes aus dem Nachttischchen.

> **Und nun picke Deine Lieblingsgegenstände heraus. Den Müll wirfst Du mit gutem Gewissen – mit richtig gutem Gewissen – weg!**

Einsortieren:
Lasse Deine Ablageflächen möglichst frei. Räume weg, was Du nicht täglich benutzt. Als Ordnungshilfen eignen sich Schuhkartons, Gläser oder Schubladenboxen, die Du aus dem Büromaterialbedarf kennst. Ordne unbedingt nach Gegenstandsgruppe sortiert ein. Zum Beispiel:

○ Maniküre, Pediküre   ○ Kosmetik
○ Cremes   ○ Parfum
○ Haargestaltung   ○ Toilettenpapier
○ Enthaarung   ○ usw.
○ Seifen, Duschgel

Ordnung halten:
Kaufe zukünftig nur das Allernötigste und bleibe bei Deinen bewährten Produkten. Probiere nicht ständig neue, vermeintlich noch bessere Produkte aus, die nach der ersten Probe im Badezimmer herumgammeln. Auch wenn die Kosmetik-, Haarpflege oder Marketingindustrie uns das anders zu verklickern versucht: **Niemand benötigt verschiedenste Sorten Shampoo!** Ein Haarwäsche-Produkt reicht vollkommen aus und zwar für die ganze Familie!

Anekdote von Daniela: Ich wollte nur das Beste für meine Haare und kaufte mir stets diese teuren Shampoos vom Frisör. Axel legte mir wiederholt sein Schauma von Schwarzkopf ans Herz. Schwarzkopf, ein in Hamburg produzierendes Unternehmen. „Männer", dachte ich. „Keine Ahnung von Haaren." Als Schweizerin in Hamburg probierte ich das Shampoo dann trotzdem mal aus – heimlich, natürlich. **Und? Null Unterschied zum teuren Shampoo. Unsere 3 individuellen Shampoos haben wir auf ein einziges reduziert:** Schauma 7-Käuter von Schwarzkopf. Was für ein Platzgewinn! Und jetzt kommt's: Kürzlich war ich bei meiner Frisörin und sie fragte mich wortwörtlich: „Was hast Du denn mit Deinen Haaren gemacht? Sie glänzen so schön und die Spitzen sind richtig gepflegt!" Ich habe ihr mein Geheimnis nicht verraten ...

Sage „Nein" zu Proben, die sich nur Zuhause ansammeln: Wird Dir eine Probe in die Hand gedrückt und Du kannst (noch) nicht „Nein" sagen, wirf die Probe guten Gewissens in die nächste Tonne! Weiterführende Informationen zu potenziellen Vorratslagern im Badezimmer warten auf Dich im Tipp der Autoren zur Regel 4 auf Seite 33.

Küchenutensilien

Über die Küche könnten wir ein eigenes Buch schreiben.

Hast Du die Gelegenheit, den Grundriss und Ausbau Deiner Küche eigenhändig zu gestalten? Nutze die Chance und stimme den Aufbau und die eingebauten Ordnungssysteme (wie herausziehbare Schubladenelemente) auf Deine individuellen Abläufe und Bedürfnisse ab.

Achte dabei auf Folgendes:

○ Lebensmittel, Kochutensilien wie auch Töpfe und Pfannen gehören in den Kochbereich, also nahe dem Kochfeld.
○ Esswerkzeuge in die Nähe des Esstisches
○ Schneidebretter, Küchenmesser und Schüsseln dahin, wo Kochzutaten geschnippelt werden
○ Gewürze platzierst Du neben dem Kochfeld. Ideal ist eine Gewürzschublade direkt unter oder ein Hängeschrank neben dem Kochfeld. Bietet sich keine solche Möglichkeit? Platziere die Gewürze in kleinen Kistchen, die Du zum Kochen heraus-nimmst und neben das Kochfeld stellst. Sortiere die Gewürze nach Würze, Curries, Kräutern etc.

Weitere Hinweise zum optimalen Küchenaufbau und ein Beispiel findest Du im Kapitel 3.4, Schritt 6: Einordnen auf Seite 98.

Tipp der Autoren:

Investiere für den unteren und tieferen Küchenbereich unbedingt in heraus-ziehbare Schubladenelemente. Küchenschränke mit einer Tiefe von 60 cm ohne Herauszieh-Möglichkeit sind eine Zumutung und außer für große, sperrige Gegenstände (wie Pfannen oder Küchengeräte) nur bedingt nutzbar! Deine Küche besteht aus solch inflexiblen Küchenschränken? Arbeite zukünftig mit Boxen, Schachteln oder Kisten!

Das hat 2 entscheidende Vorteile:
a. Du ordnest kleine Gegenstände wunderbar nach Gegenstandsgruppe sortiert ein.
b. Du musst Dich nicht ganz nach hinten durchhangeln und dabei alle anderen Gegenstände umstoßen. Nein, Du ziehst entspannt die Kiste aus dem Küchen-schrank und wählst seelenruhig Deinen Gegenstand aus.

Die **7 Einordnungsgrundsätze für müheloses und logisches Einordnen** hast Du Dir bereits im Kapitel 3.4, Schritt 6: Einordnen auf Seite 100 angeeignet.

An dieser Stelle eine Gedankenaktivierung zu den 7 Einordnungsgrundsätzen:

1. Freie Arbeitsflächen
2. Sortierung nach Regelmäßigkeit der Verwendung
3. Alle Gegenstände müssen gut erreichbar sein.
4. Gegenstände nicht einpferchen
   (= Leerraum zwischen den Gegenständen lassen)
5. Gegenstands-Harmonie
6. Kleine Gegenstände in Ordnungshilfen einsortieren.
7. Eine Gegenstandsgruppe behalte ich immer als
   eine untrennbare Einheit zusammen.

Und weiter geht's in der Küche.

Deinen **Kühlschrank** hältst Du schlank:

○ Schmeiße alles raus, was abgelaufen ist, seit Monaten unberührt
   im Kühlschrank steht und nicht zu Deinen Lieblingsspeisen gehört

○ Führe einen ansprechenden Kühlschrank mit wenigen, dafür hochwertigen, leckeren und wohltuenden Speisen. Lieber wenig, dafür gut!

○ Halte auch im Kühlschrank Ordnung, indem Du Deine Lebensmittel
   in durchsichtigen Behältern (Käse, Wurst) oder Schüsseln (Kleinobst,
   Zwiebeln, Zitronen) aufbewahrst

○ Entferne vor dem Einräumen sämtliches Verpackungsmaterial wie
   Plastik, Karton oder Netze

○ Sortiere gleiche Produkte nach Haltbarkeitsdatum (bald ablaufende
   nach vorne)

○ Deinen Kühlschrank wäschst Du regelmäßig mit einem feuchten
   Lappen aus.

Tee:
Lieber wenige, dafür inspirierende Teesorten. Aufbewahrt in schönen Teedosen.

Pfannen:
Wieso hortest Du 5 Bratpfannen und 6 Töpfe? So viele Herdplatten hat Dein Kochfeld doch gar nicht?

Kochgeräte:
Wann hast Du denn die Obstpresse das letzte Mal benutzt?

Kochbücher:
Aus welchen Büchern kochst Du wirklich? (siehe Abschnitt Bücher)

Aufbewahrungsbehälter:
In Dein Refugium gehören nur Lieblingsgegenstände. Deine Aufbewahrungsbehälter sind von diesem Grundsatz nicht ausgeschlossen.

Haushaltswaren:
Gib Blumenvasen, Tischgedeck, Küchentextilien und Verbrauchsartikeln (Folien) einen Seitenplatz in Deiner Küche.

Medikamente

Bist Du schon eine Apotheke oder noch ein gesunder Mensch?

Bei den Medikamenten funktioniert das Aussortieren etwas anders, als gehabt, und zwar so: **Sortiere alle abgelaufenen Medikamente und diejenigen Arzneien, dessen Krankheiten Du nicht bekommen willst, aus.** ☺ Wirf diesen Ballast weg! Was Du auf jeden Fall behältst, sind Gegenstände der Notfallapotheke, also z.B. Pflaster, Verbandsmaterial etc.

Bewahrst Du Medikamente im Badezimmer auf? So empfehlen wir Dir eine separate, undurchsichtige Medikamentenbox mit Deckel.

Undurchsichtig und geschlossen, warum das? Willst Du jedes Mal, wenn Du eine Ersatzzahnbürste aus Deinem Badezimmerschrank herausnimmst, Deinen Blick unbewusst auf Halsschmerz-Pillen und Co. gleiten lassen und Dich an vergangene Halsschmerzen, Magen-Darm-Grippen und Verstauchungen erinnern?

Das muss nicht sein! Bei uns ist die Medikamentenbox (mit Ausnahme der Pflaster) sogar weit weg vom Tagesgeschehen: im Keller.

Innerhalb der Medikamentenbox sortierst Du in kleine Behälter nach:

Art der Medikamente:
Schulmedizin-Medikamente, Naturheil-Medikamente, Notfallapotheke etc.

Oder nach **Anwendungen:**
Erkältung, Magen etc.

Laufende Rezepte packst Du in einen Briefumschlag und deponierst diesen ebenfalls in der Medikamentenbox.

Die Medikamentenbox passt alternativ auch wunderbar in die Utensilienbox (siehe Abschnitt Die Utensilienbox auf Seite 121) oder eben in den Keller.

Portemonnaie

Dein Portemonnaie quillt über, mit Membership-, Rabatt- und anderen Karten.

Achtung, ein großer Geldbeutel mit vielen Fächern verführt zum Vollpacken! **Kaufe Dir ein kleines, schlankes Portemonnaie** und trage nebst Geldscheinen und Münzen nur die essenziellen Karten mit Dir herum. Also: Bankkarten, Führerschein, Identitätskarte, Krankenkassenkarte, Bahnkarte. Fremdwährungen bleiben Zuhause. Belege, Visitenkarten und andere Zettelchen werden gescannt und dann weggeworfen! **Mehr dazu im Abschnitt „Digitaler Papierkram" auf Seite 154.**

Putzutensilien

Auch Putzsachen sammeln sich über die Jahre hinweg an. Viele davon rühren wir nie an. Weg damit! Für Putzutensilien gilt wie für alle anderen Gegenstände das Credo:

Nur was mich glücklich macht, bleibt bei mir.

Behalte also nur diejenigen Putzmittel, Schwämme und Lappen, die Dich unterstützen, Dein Zuhause effizient und motiviert in Schuss zu halten. Putz-sachen bewahrst Du an einem gut zugänglichen und freundlichen Ort auf.

Schlafen

Im Schlafzimmer brauchst Du nichts weiter als eine gute Matratze, Decke und viel Ruhe.

Naja, und einen **Wecker**. Einen „altmodischen". Keine App auf dem Smartphone! Handy, Tablet, Laptop oder gar ein Fernseher haben im Schlafzimmer nichts verloren! Diese Geräte hindern Dich an Deinem erholsamen Schlafen. Übrigens, Du bist nicht rückständig, wenn Du Dich durch einen „altmodischen" Wecker in den Morgen begleiten lässt. Im Gegenteil: Fortschrittlich ist, wer sich nicht kopf-los vom Digital Hype-Strom mitreißen lässt und seinen eigenen, richtigen Weg geht. Auch Wecker mit Leuchtanzeigen oder Spiegel neben dem Bett (diese reflektieren) stören Deinen Schlaf. Wenn Du in einer Straße mit Lärmpotenzial wohnst oder Dein Partner schnarcht, dann verwende Ohrenstöpsel. Am besten weiche, die im Ohr „aufquellen". Empfehlenswert sind „Honeywell Howard Leight".

Leere Dein Nachttischchen komplett aus. Du wirst überrascht sein, wieviel Krimskrams wegfliegen kann!

Liest Du vor dem Einschlafen? Lege höchstens **1 Buch** neben Dein Bett. Ein Stapel an Büchern erzeugt inneren Stress: „Das sollte ich auch noch lesen. Dazu bin ich schon wieder nicht gekommen."

Unter Dein Bett gehören keine Koffer, keine Werkzeugkisten und auch keine Vorräte von Badezimmerutensilien.

Dein Schlafzimmer kommt wunderbar **ohne Bilder** aus. Vorhänge reichen zur Behaglichkeit, und eine schöne Wandfarbe on top verschafft Entspannung und Geborgenheit.

Halte die Anzahl **Bettzeug-Garnituren** klein. Kein Mensch braucht 3 Garnituren. Wir haben nur eine einzige Garnitur. Es geht wunderbar und wir sparen wertvolle Zeit: Denn wir streichen den Zwischenschritt des Bettzeugzusammenlegens und beziehen unsere Decken nach dem Waschen direkt wieder mit den frisch gewaschenen Bettlacken.

Nach dem Aufstehen lüftest Du und machst sogleich Dein Bett. Ein ungemachtes Bett gleicht einem Schlachtfeld und wirkt abends nicht wirklich einladend. Deine Schlafbekleidung faltest Du liebevoll und legst sie unter die Bettdecke. Die sorgsam zusammengelegte Schlafbekleidung wird Dir jeden Abend ein Lächeln in Dein Herz zaubern.

Treppenhaus

Ich habe Schuhe im Treppenhaus stehen. Sie sind zwar schön aufgereiht, doch trotzdem mag ich deren Anblick nicht.

Das hört sich jetzt hart an, doch wir müssen es so direkt schreiben: **Schuhe gehören nicht ins Treppenhaus!** Genauso wenig wie Kinderfahrzeuge oder Müllsäcke. Das ist eine Zumutung für alle Menschen im Haus. Denn dieser Gerümpelfleck vor Deiner Wohnungstür sendet die falschen Signale aus. An Deine Mitbewohner und an Dich selbst!

Deine **Haustür** ist Deine Visitenkarte – physisch und insbesondere mental. Immer, wenn Du durch die Unordnung hindurch schreitest, um in Deine Wohnung zu gelangen, nimmst Du das mentale Durcheinander mit. In Dein räumliches und Dein mentales Sein.

Dein Unterbewusstsein assoziiert und quittiert diesen „mülligen" Empfang mit **Abwertung**: Abwertung für Deine Wohnung, für Dich als Person, für Dein Tun und für Dein Leben!

Ein hochwertiger, schöner und optimal ins **Treppenhaus integrierbarer Schrank** ist aus aufräumtechnischer Sicht in Ordnung.

Kinderfahrzeuge wie Roller oder Fahrräder gehören entweder in den Keller oder werden draußen angeschlossen. Sind beide Varianten nicht möglich, muss ein Raum innerhalb Deiner Wohnung gefunden werden. Doch Moment, frage Dich zuerst: „Braucht mein Kind überhaupt all diese Gefährte?"

Für **Kinderwagen** oder **Buggys** gilt grundsätzlich das gerade Beschriebene. Allerdings muss Ordentlichkeit pragmatisch sein: Wohnt Ihr im 3. Stock ohne Fahrstuhl? Dann parkt Euren Kinderwagen selbstverständlich im Erdgeschoss (Eingangsbereich) Eures Hauses. Ordentlich hingestellt und vorbildlich aufgeräumt ☺.

Waschen und Trocknen

Kaum ist die frische Wäsche einsortiert, frohlockt schon die nächste.

Bald geht das mit dem Wäschewaschen ganz nebenbei.

Als Erstes richtest Du Dir einen **funktionalen Waschplatz** ein. Limitierte Platzverhältnisse reichen aus, solange sie hervorragend organisiert sind. Unser Waschräumchen hat eine Fläche von: 125 cm x 85 cm. In diesem Waschräumchen befinden sich:

1 x Wandschiene Regal klein (IKEA Algot)
○ Für Waschmittel und Waschutensilien

1 x Wandschiene Regal mittel (IKEA Algot)
○ Für frische Handtücher
○ Für 3 Wäschekörbe „Schmutzwäsche", sortiert nach Waschgang

1 x Waschmaschine mit Tumbler Funktion
○ Handtücher werden nach dem Waschen automatisch
  (ohne zusätzlichen Arbeitsschritt) getrocknet.

1 x An der Wand montierter Wäschehalter
○ Daran hängen wir Bekleidungsstücke auf, die nicht in den Tumbler
  und nicht an den Kleiderbügel gehen.

2 x Wandkleiderlüfter (1 x an der Innentür und 1 x an der Wand montiert)
○ Das sind diese Stangen mit Löchern für Kleiderbügel. Sie sind zum
  Auslüften auf dem Balkon gedacht. An diesen Wandkleiderlüfter
  lassen sich bis zu 15 Kleiderbügel/Kleidungsstücke aufhängen und
  trocknen.

1 x Wäschetrockner mit Raumentfeuchtungsfunktion
○ Damit die Wäsche auf diesem kleinen Raum, selbst bei geschlossener
  Tür, schnell trocknet und die Wände des Raums trocken bleiben.

Unser **Waschräumchen** ist einladend gestaltet. Es ist rosafarben gestrichen und der Boden in einem Schachbrettmuster gefliest. Die Regale sind weiß. Ich trete sehr gerne in unser Waschräumchen ein. Wobei eintreten kann ich ja gar nicht, weil für mich kein Platz ist. Aber ich öffne gerne die Tür zu unserem Wasch-räumchen.

Für Deinen ganz persönlichen Waschplatz findest Du bestimmt eine kreative Möglichkeit: Wie wäre es mit einem Waschraum im Einbauschrank? Oder freigestellt im Badezimmer mit Trockenmöglichkeiten (Wäschehalter, Wand-kleiderlüfter) über der Badewanne? In der Ankleide? Im Abstellraum?

Wäschewaschen Ablauf

Vor dem Waschen:
Schmutzwäsche wird beim Ausziehen der Kleidung (durch den jeweiligen Kleidungsträger) in den Waschgang entsprechenden Wäschekorb einsortiert. Damit entfällt das unpopuläre Sortieren vor jedem Waschen. Wir haben 3 Wäschekörbe:

○ WK für helle 60° Grad-Wäsche (Handtücher u.a.), die
   gewaschen und anschließend gleich getumblert werden
○ WK für helle 40° Grad-Wäsche
○ WK für dunkle 40° Grad-Wäsche

Nach dem Waschen:
Oberteile werden **zum Trocknen an Holzkleiderbügel** aus unserer Ankleide aufgehängt – Hosen an Hosenbügel und Hemden auf Bügeln.

Wenn Du eine sehr luftig organisierte Ankleide hast, dann hängst Du die **feuchten Kleidungsstücke bereits zum Trocknen in die Ankleide**. Damit sparst Du einen Zwischenschritt (nämlich das Zurückhängen der getrockneten Teile). Bei eng einsortierten Ankleiden oder bei zu Feuchtigkeit neigenden Räumen raten wir vom Trocknen inmitten der trockenen Kleidungsstücke ab! Hänge Deine T-Shirts, Hemden, Blusen und Hosen in Deinem Waschraum an den Wandkleiderlüfter auf und stelle den Wäschetrockner mit Entfeuchtungsfunktion zum Trocknen ein.

Getrocknete Wäsche aus dem Tumbler wirfst Du nicht auf einen Berg von „zusammenzulegenden Kleidungsstücken", sondern legst diese Teile während des Rausnehmens aus dem Wäschetrockner direkt auf der Waschmaschine zusammen. Danach ordnest Du die Kleidungsstücke in einem Fluss in Deine Ankleide ein.

Zeitschriften

Kein Mensch braucht alte Zeitschriften ...

Sei mal ehrlich: Hast Du Dir jemals wieder alte Zeitschriften angeschaut oder gar etwas darin nachgeschlagen? Und wenn ja, dann wohl verschwindend selten?

Warum bewahrst Du den alten „Schund" auf? „Man weiß ja nie", magst Du jetzt vielleicht denken. Recht hast Du. Doch wie oft hast Du in der Vergangenheit wirklich etwas in einer alten Zeitschrift nachgeschaut?

1. **Selten?** Ok, dann lasse nun alle Zeitschriften ins Altpapier wandern. Ausnahmslos alle! Genieße das Gefühl des Wegwerfens. Hast Du vielleicht eine Feuerstelle? **Dann verbrenne den Ramsch im lodernden Feuer!** Du brauchst das nicht mehr. Du willst ja frei sein und vorwärts gehen!

2. **Dann und wann?** Gut, dann schlagen wir Dir folgendes Vorgehen vor: Beim zukünftigen Blättern durch Zeitschriften und Magazine reißt Du interessante Artikel oder Tipps heraus und heftest diese sogleich in einem eigens dafür vorgesehenen Ordner ab. **Schiebe das Abheften keinesfalls auf, indem Du die Schnipsel auf einem To-Do-Stapel deponierst!**

Alternativ, und diese Möglichkeit bevorzugen wir:
Du scannst den Artikel mit Deinem Handy ein. Wir stellen Dir im Abschnitt **Digitaler Papierkram auf Seite 154** eine empfehlenswerte Scan-App vor. Diese Software macht sich die OCR-Funktion zunutze. Eine unglaubliche Erleichterung für Dich, denn nicht nur das Abheften geht von nun an blitzschnell, sondern auch das Suchen nach Deinem Artikel. Zukünftig quälst Du Dich nicht mehr durch Schnipsel, herausgerissene Seiten und ganze Zeitschriften. Nein, demnächst setzt Du Dich an Deinen Computer oder Dein Handy, gibst ein Suchwort aus dem Artikel ein und siehe da, der Bericht zeigt sich sogleich auf Deinem Bildschirm.

Digitale Welt

Digitale Welt: Fluch oder Segen?

Lass Dich vom Fluch und von zeitverschwenderischen Versuchungen der digitalen Welt nicht verleiten. **Picke stattdessen bewusst Hilfsmittel und Vorzüge aus dem Cyberspace heraus und erlaube der digitalen Welt, ein Segen für Dich zu sein!**

Lege zum Beispiel Deinen Papierkram elektronisch ab.

Digitaler Papierkram

Dein Papierkram geht auf die Cloud!

Welche Gedanken und Gefühle spürst Du beim Lesen dieses Satzes?

1. Leichtigkeit, Vorfreude und einen Motivationsdrang, den kommenden Abschnitt zu verschlingen, um möglichst noch heute mit Deinem Papierkram auf die neuen Medien umsteigen zu können?

2. Unschlüssigkeit, Unwissenheit oder gar Verwunderung, wie wir solch „unsichere" Methoden in diesem seriösen Buch empfehlen können?

Klar, die Gefahr besteht, dass Deine persönlichen Daten auf irgendeiner US Cloud bzw. auf dem Server, auf dem Deine Daten schließlich liegen, gehackt werden könnten. Einbrecher können aber genauso Deine physischen Ordner klauen und ein Brand- oder ein Wasserschaden könnte ebenso Deine Papiere und Dokumente zerstören.

Wer immer auf **Nummer „Sicher"** gehen will, macht sich manchmal unnötig das Leben schwer.

Nun zu den Vorteilen, die eine Cloud-Lösung nebst einem schlanken Archivierungssystem mit sich bringt:

○ Das automatische Backup durch den Cloud-Anbieter
○ Der ortsunabhängige Zugriff auf Deine Dokumente
○ Die Verfügbarkeit auf all Deinen Geräten

Wenn Du zurzeit noch nicht ganz „cloudready" bist, bieten sich andere elektronische Abheftungsmöglichkeiten an:

○ Rechner
○ Externe Festplatte
○ Sonstiges Backup-System

Denke bei dieser Nicht-Cloud-Variante unbedingt an regelmäßige Datensicherungen auf einem zweiten Datenträger.
Zurück zur Cloud: Wir mögen die Dropbox. Diese ist mit vielen Apps kompatibel. So zum Beispiel mit der Dokumenten-Scan-App „Scanbot".

Wir empfehlen Dir diese zuverlässige und einfach zu bedienende App. Am besten installierst Du Scanbot auf Deinem Handy. Damit hast Du Deinen Scanner immer überall dabei. Unter Einstellungen/Cloud Dienste legst Du den Speicherort, z.B. die Dropbox, für Deine Dokumente fest.

So könnte Dein zukünftiger Papierkram-Handhabungs-Prozess aussehen:

1. Du kommst nach Hause, öffnest Deine Post und entdeckst einen Kreditkartenvertrag für Deine Akten.

2. Du nimmst Dein Handy, öffnest die Scanbot-App und scannst alle Seiten des Vertrages ein. Achte darauf, dass das Dokument flach (nicht zerknittert) auf einem einheitlichen Untergrund liegt und dass kein Schatten auf das Dokument fällt. Ansonsten funktioniert die OCR-Funktion nicht zuverlässig. Eine Erklärung zur OCR-Funktion folgt später.

3. Hast Du alle Seiten eingescannt, gibst Du dem Dokument einen aussage-kräftigen Namen: z.B. Vertrag-Visa-2018 08 01. Speichere ab.

4. Das Dokument wird unter dem in Deinen Einstellungen definierten Standardpfad abgespeichert.

5. Ganz toll: Du kannst auf dem eingescannten Dokument handschriftliche Notizen (Annotierungen) anbringen. Das machst Du auf dem Handy mit einem Tablet-Stift. Auf eine eingescannte Rechnung schreibst Du dann zum Beispiel: „bezahlt + Zahlungsdatum".

6. Dank der Cloud kannst Du innerhalb von Sekunden nach der Speicherung auf dem Handy oder Deinem Laptop auf das eingescannte und mit Notizen versehene Dokument zugreifen.

7. Den eingescannten Papier-Kreditkartenvertrag legst Du nun in das Ablagefach 2. Das ist der Ort für Dokumente mit Aufbewahrungspflicht (siehe Abschnitt Papierkramstation auf Seite 117). Streng genommen handelt es sich im Falle des Kreditvertrages um ein persönliches Aufbewahrungsinteresse und nicht um gesetzliche Aufbewahrungspflicht. Dokumente ohne Aufbewahrungspflicht schmeißt Du nach dem Scanprozess einfach weg.

Genauso funktioniert es aber auch mit **Zeitungsschnipseln, Notizen, alten Fahrkarten, Tickets, Checklisten und Postkarten.** Scanne alles ein, was Du zum heutigen Zeitpunkt noch nicht wegwerfen kannst oder willst. Du hast jetzt eine elektronische Kopie und darfst die Fitzelchen Papier getrost wegschmeißen!

Du kannst Einkaufsbelege, Restaurantquittungen oder andere Belege von den **Steuern absetzen? Gestalte Deine Heimkehr-Gewohnheit neu**: Als erste Aktivität **nimmst Du Deine Belege aus dem Geldbeutel, scannst diese ein** und legst sie für den Steuerberater in das Ablagefach. Papierkram erledigt!

Noch ein Wort zu **Online-Rechnungen, die per E-Mail** zugesandt werden. Natürlich kannst Du Online-Rechnungen ausdrucken, doch dann musst Du die Papiere ja wieder einscannen. Lege doch die Dokumente gleich beim ersten Lesen an Deinem elektronischen Speicherort ab oder markiere alternativ die E-Mail mit einer z.B. roten Markierung. Mach es Dir zur Gewohnheit, einmal die Woche (die entsprechende Zeit im Kalender blockieren) die E-Mails mit der roten Markierung abzuarbeiten. Das bedeutet, die Rechnung zu bezahlen und das Dokument elektronisch abzulegen. Sobald Du die entsprechende E-Mail bearbeitet hast, löschst Du die Markierung oder setzt diese auf grün.

Und nun zur OCR-Funktion, einem entscheidenden Vorteil des elektronischen Archivierens:

Annahme: Du suchst den oben eingescannten Kreditkartenvertrag. Zukünftig holst Du nicht Deinen Ordner aus dem Regal, sondern setzt Dich an Deinen Rechner. Gib im Windows Explorer bzw. Finder den Suchbefehl „Visa" ein. Wenn Du den Namen der Sachbearbeiterin des Kreditkartenunternehmens kennst, tippe deren Namen ein, und schwupps, der Vertrag ist innerhalb von Sekunden auf Deinem Bildschirm. Vorausgesetzt, das Dokument wurde in einer hochwertigen Qualität eingescannt.

Digitale Medien

Deine Wohnung hast Du bereits auf das Wesentliche reduziert, doch Dein digitales Leben müllt Dich noch so richtig zu.

Die komplette Entrümpelung Deiner digitalen Welt ist zwar nicht mehr Teil dieses Buches, doch Du brauchst nicht auf unser nächstes Werk zu warten, um Dich auch digital freizuräumen.

Das notwendige Werkzeug hast Du bereits erarbeitet und bestimmt schon in Deinem Denken und Handeln verinnerlicht.

Das digitale Ausmisten verläuft nach dem gleichen Prinzip, wie das Ausmisten Deines Zuhauses:

1. Einsammeln   2. Vorselektion   3. Vorselektion würdigen
4. Nachselektion   5. Abschluss   6. Einordnen
7. Entsorgen   8. Mentaler Ausklang

Beim virtuellen Aufräumen machst Du Dir ein paar Kniffe zunutze. Die auszusortierenden Gegenstände (z.B. Kontakte im elektronischen Telefonbuch) liegen Dir ja nicht in physischer Form vor und somit kannst Du diese nicht als Person auf das Aussortiertuch legen.

So mistest Du Deine virtuellen Gegenstände aus:

> **Fokussiere Dich, wie gewohnt, auf Deine wertvollen Gegenstände. Das sind jetzt keine physischen Elemente mehr, sondern Apps, Musikdateien, Nachrichten und E-Mails.**

Die gute Nachricht dazu? Den lästigsten Teil, die Entsorgung übernimmt ein Dritter für Dich, nämlich Google, Android, Apple, Blackberry, Microsoft & Co.! Umgehend und kostenlos.

Apps und Applikationen

Konkretes Vorgehen beim Entsorgen von Apps und Applikationen auf Handy, Tablet und Laptop am Beispiel des Handys:

1. Skizziere auf einem Stück Papier Deine Lieblingsapps (nur Deine Lieblingsapps!) aus dem Kopf heraus, also ohne das Handy zu konsultieren.

2. Öffne nun Dein Handy und navigiere durch alle Apps. Checke für jede App, ob diese auf Deinem Zettel der Lieblingsapps steht. **Ja?** Dann bleibt die App auf Deinem Handy. **Nein?** Wie fühlt sich „Löschen" an? Gut? -> Weg damit! Mmmhh, ich weiß nicht? -> Kreiere einen Ordner Parkplatz und verschiebe die App auf diesen Parkplatz.

3. Setze Dir in Deinem Kalender eine Deadline mit einer Frist von 2 Monaten zum Aufräumen des Parkplatzes. Hast Du während diesen 2 Monaten den Parkplatz kein einziges Mal geöffnet? Lösche gnadenlos den ganzen Ordner Parkplatz. Wenn Du ihn geöffnet hast, selektiere die benutzten Apps heraus, die restlichen fliegen weg.

Elektronisches Adressbuch

Für das Aussortieren Deines elektronischen Adressbuchs hast Du 2 Möglichkeiten:

1. Beginne mit dem Buchstaben Z und arbeite Dich hoch zu A. Klicke also auf den letzten Kontakt mit einem Nachnamen beginnend mit „Z" (z.B. Zumbühl, Peter). Schließe die Augen. Tut Dir die Vorstellung an Peter Zumbühl gut?
Ja? Dann bleibt er.
Nein? Musst Du den Kontakt aus irgendwelchen Gründen behalten, z.B. aus geschäftlichen Gründen?
Nein? Weg damit.
Ja? Bist Du sicher, dass Du den Kontakt aus geschäftlichen Gründen behalten musst?
Oder: Gibt es vielleicht andere als geschäftliche Alternativen?

Erinnere Dich an die Philosophie des RÄUM DICH FREI Systems (Seite 1):

Ab jetzt will ich nur noch, was mir richtig guttut
und einen wahren Wert für mich hat!

2. Exportiere die komplette Kontaktliste in ein PDF-Dokument. Bei Apple findest Du unter Kontakte/Ablage die Funktion „als PDF exportieren". Bestimmt gibt es auch bei Windows eine ähnliche Funktion.

Drucke dieses PDF-Dokument aus und markiere alle Kontakte, die Dir guttun und die Du behalten willst. Die unmarkierten Kontakte löschst Du.

E-Mails

Leider musst Du beim Aussortieren von E-Mails infolge enormen Zeitaufwands ausnahmsweise die Müll-Herausgreif-Methode anwenden:

1. In einem ersten Schritt sortierst Du innerhalb der Ordner „Eingang" und „Gesendet" nach Absender bzw. Empfänger. Lösche alle E-Mails von Newslettern, die Du regelmäßig erhältst. Schon ist der größte Müll entsorgt.

2. Danach sortiere nach Dateigröße und untersuche die Dateien mit den größten Datenvolumen. E-Mails, die sich erledigt haben, löschst Du.

3. Leere den Papierkorb.

SMS, WhatsApp & Co.

Die Aussortierung von SMS, WhatsApp & Co. läuft analog dem Aussortieren Deines elektronischen Telefonbuchs. Denke unbedingt auch an WhatsApp-Gruppen. Wie oft wurdest Du schon ungefragt zu so einer Gruppe hinzugefügt und hast Dich regelmäßig über die inhaltslosen Nachrichten geärgert? Da hilft nur eins: austreten.

Musik

Wenn Du wenig digitale Musiktitel besitzt, gehst Du analog dem Aussortieren des elektronischen Telefonbuchs vor. Bei vielen Musiktiteln überfliegst Du die Titel und schmeißt diejenigen raus, die Du nicht mehr im Kreise Deiner Lieblingsstücke haben möchtest (Müll-Herausgreif-Methode).

Videos, eBooks

Digital gespeicherte Videos und eBooks sortierst Du in gleicher Art wie das elektronische Telefonbuch aus. Picke Dir Deine Lieblingsvideos und Lieblings-eBooks heraus.

Digitale Portale
(Soziale Medien, News, Chats, Blogs & Co.)

Bist Du schon ein Digital Addicted oder erst auf dem Weg dahin?

Tätigst Du den Griff zum Smartphone und zu WhatsApp zeitgleich zum Auf-
wachen? Ist für Dich ein Tag ohne News Channels, Facebook, Twitter, Tinder,
Blogs & Co. schlicht undenkbar? Überlegst Du Dir bereits während des Essens
mit Freunden, welche Fotos des gemeinsamen Abends Du später auf Facebook
posten könntest bzw. postest Du diese gar schon während des Essens?

Beantwortest Du eine der 3 Fragen mit „Ja"? Dann bist Du zumindest
ansatzweise bereits in die Fänge der digitalen Portale geraten:

1. Reflektiere für Dich: Fühlst Du Dich im Fahrwasser von Facebook & Co.
   mehrheitlich gut und glücklich? Ist es für Dich bereichernd, in diesem Strom
   mitzuschwimmen? Siehst Du einen klaren Mehrwert, dass Du ständig
   mit dabei bist? Ergeben sich aus Kontakten oder Chats tragende und echte
   Freundschaften?

2. Oder herrscht vielleicht eher Stress, Frustration, Neid, Zwang, Sinnlosigkeit
   oder Genervtheit vor?

Löse Dich zukünftig
von dieser in Besitz nehmenden
und zeitfressenden Gewohnheit.

Doch aufgepasst, eine Säuberung von Facebook & Co. bedeutet einen be-
wussten Schritt nach draußen. Weg von der gewohnten Welt und dem
scheinbaren Halt. Dieser Schritt kann für manche Menschen wie ein Entzug
wirken. Und die Welt draußen mag Dir vorerst vielleicht leer, einsam oder
langweilig erscheinen. Da ist keine ständige Berieselung, keine konstante
Unterhaltung und kein Gefühl, irgendwie dazuzugehören.

Eine Säuberung ist vielleicht auch ein Dialog oder sogar ein Kampf mit Gedanken wie: „Heutzutage muss man doch da mitmachen!" Meinst Du wirklich? Wir sagen: „Nein! Niemand muss mitmachen." Es gibt auch noch eine andere Welt außerhalb von Facebook & Co.

Wenn Du erstmal wieder Deine Augen und Antennen für diese andere Welt geöffnet hast, dann erlebst Du Schritt für Schritt, mehr und mehr diese andere Welt in schillernden Farben und Facetten: die schönen Gegensätze von Natur und Stadt, die wirklich tollen Menschen um Dich herum. So wie Du Dir diese insgeheim immer als Freunde oder Partner gewünscht, aber nie auf Facebook & Co. gefunden hast.

Ja, am Anfang wirst Du vielleicht eine Leere spüren.

Doch mach den Entzug. Probiere es aus. Entledige Dich dem ganzen Müll. Schieße Facebook, Tinder, Twitter, News Channel, Blogs & Co. ab und **konzentriere Dich von nun an auf das Wesentliche! Das, was Dich wirklich weiterbringt, Dich erfüllt und glücklich macht. Nur so findest Du zu Deinem eigenen und wahren Wert!**

„Herzlich willkommen im richtigen Leben.
Wir freuen uns sehr, dass Du da bist!"

Und wenn Du magst, lese dazu auch die Ausführungen zur Frage: Dialog mit dem inneren Schweinehund: „Ich würde doch so gerne Aussortieren, aber ich habe ein Baby, ein Kleinkind und arbeite nebenbei ... ?" auf Seite 207.

Platz für Deine Erkenntnisse und Notizen

5 Nach-schlage-werk

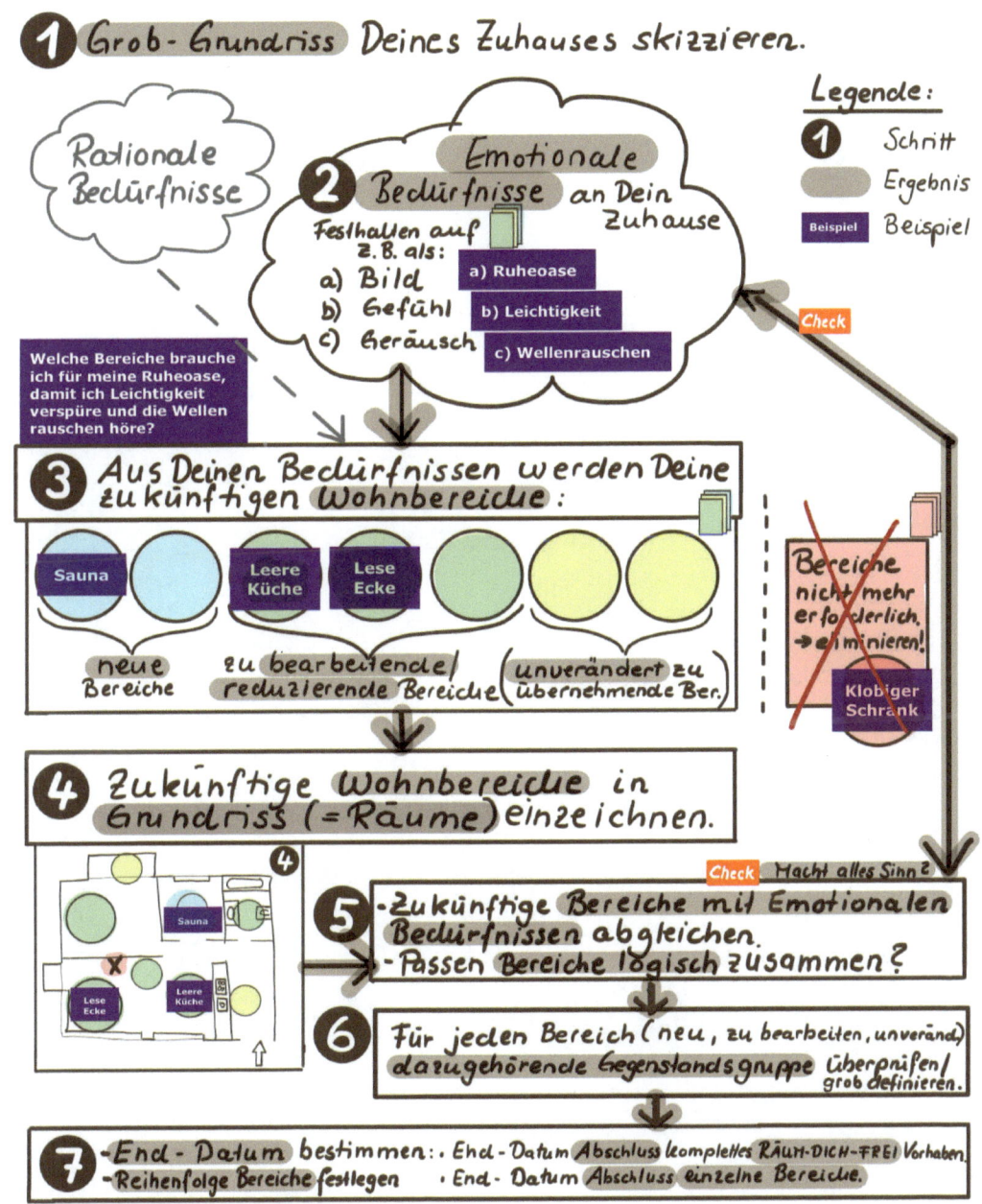

1 Grob-Grundriss Deines Zuhauses skizzieren.

Legende:
1 Schritt
Ergebnis
Beispiel Beispiel

Rationale Bedürfnisse

2 Emotionale Bedürfnisse an Dein Zuhause
Festhalten auf z.B. als:
a) Bild
b) Gefühl
c) Geräusch

a) Ruheoase
b) Leichtigkeit
c) Wellenrauschen

Welche Bereiche brauche ich für meine Ruheoase, damit ich Leichtigkeit verspüre und die Wellen rauschen höre?

Check

3 Aus Deinen Bedürfnissen werden Deine zukünftigen Wohnbereiche:

Sauna   Leere Küche   Lese Ecke

neue Bereiche   zu bearbeitende/ reduzierende Bereiche   (unverändert zu übernehmende Ber.)

Bereiche nicht mehr erforderlich, → eliminieren!

Klobiger Schrank

4 Zukünftige Wohnbereiche in Grundriss (=Räume) einzeichnen.

4
Sauna
X
Lese Ecke   Leere Küche

Check Macht alles Sinn?

5 -Zukünftige Bereiche mit Emotionalen Bedürfnissen abgleichen.
-Passen Bereiche logisch zusammen?

6 Für jeden Bereich (neu, zu bearbeiten, unveränd) dazugehörende Gegenstandsgruppe überprüfen/ grob definieren.

7 -End-Datum bestimmen: -End-Datum Abschluss komplettes RÄUM-DICH-FREI Vorhaben.
-Reihenfolge Bereiche festlegen   -End-Datum Abschluss einzelne Bereiche.

Abb. Die Planung auf einen Blick (siehe Seite 44)

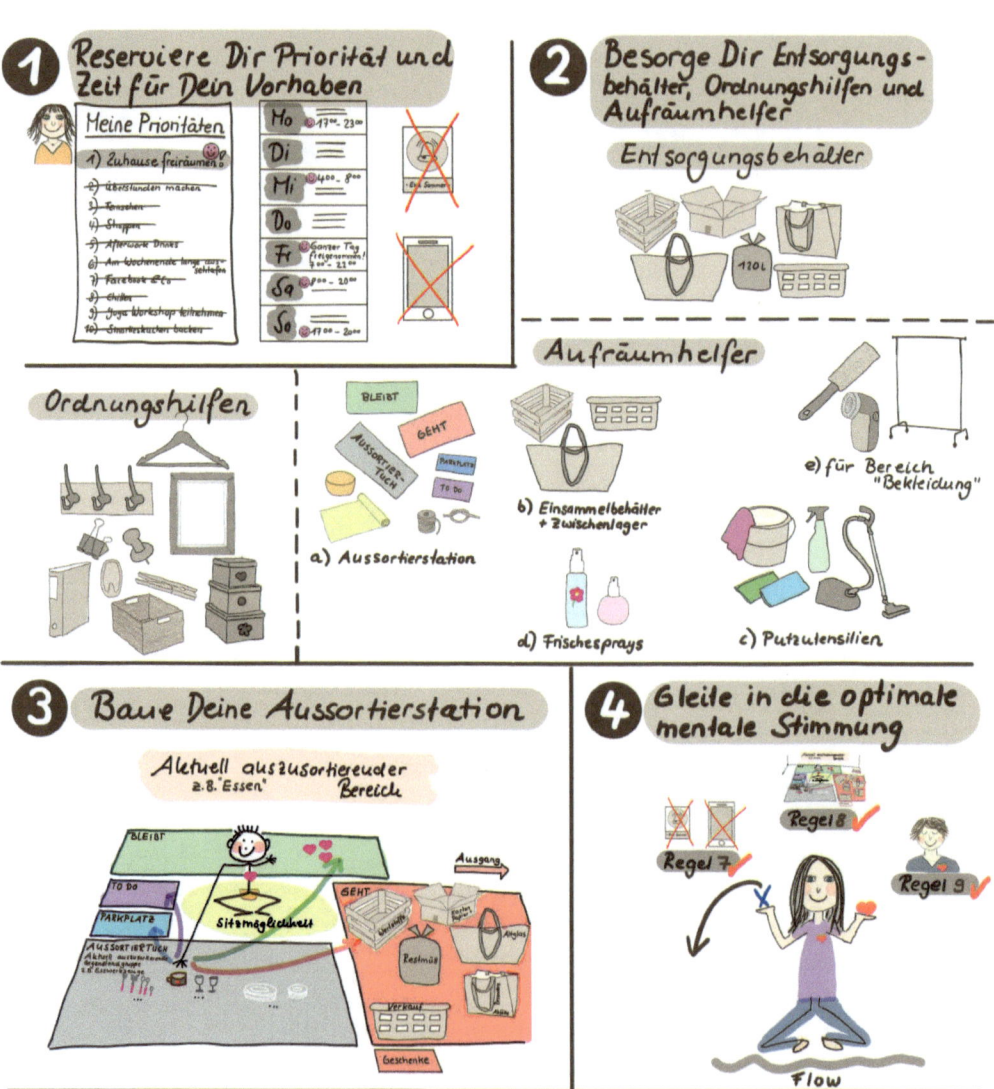

Abb. Die Vorbereitung auf einen Blick (siehe Seite 62)

Eine elektronische Version aller „Auf einen Blick"-Ablaufskizzen wartet auf Dich unter:

www.raeum-dich-frei-methode.de.

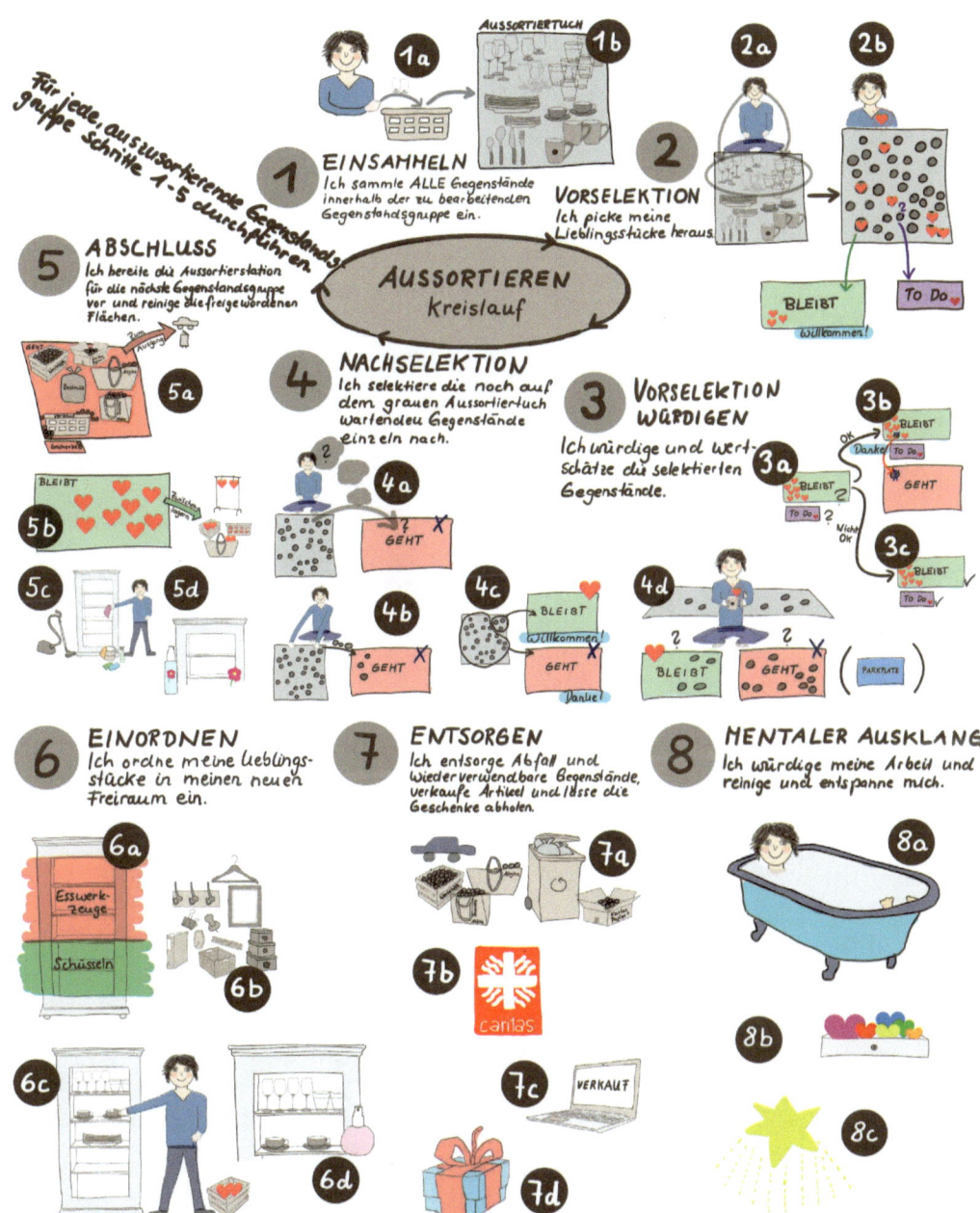

Abb. Die Durchführung auf einen Blick (siehe Seite 78)

Die RÄUM DICH FREI Regeln auf einen Blick

Regel **1**
„Erst das Bewusstsein über meine
Emotionalen Bedürfnisse an mein Zuhause führt
zum rundum befriedigenden Aufräumerfolg."

Regel **2**
„Aussortieren nach Bereichen und nicht nach Räumen
verleiht meinem Vorhaben Flexibilität und dadurch bislang
unbedachte und vielleicht richtig befreiende, neue Möglichkeiten."

Regel **3**
„Raum-Harmonie und Raum-Einklang fördere ich durch das
logische Zusammenpassen von Bereichen in demselben Raum."

Regel **4**
„Eine Gegenstandsgruppe behalte ich
immer als untrennbare Einheit zusammen."

Regel **5**
„Jedem Gegenstand teile ich seinen festen Platz zu!"

Regel 6

„Ich vertraue bei meinen RÄUM DICH FREI Entscheidungen auf
meine Intuition! Die leise Stimme aus meinem Inneren hilft mir
auch zukünftig, mein Zuhause und mein Leben nur noch mit
wertvollen Gegenständen, Menschen und Aktivitäten zu bereichern.“

Regel 7

„Ich stelle sicher, dass ich während des Aussortierens
und Einordnens nicht gestört werde. Dadurch kann ich
konzentriert arbeiten und bleibe im Flow.“

Regel 8

„Ich baue meine Aussortierstation logisch und an einem Ort
mit genügend Platz auf, sodass ich effizient aussortieren kann.“

Regel 9

„Ich gleite bewusst in den optimalen Zustand der Entspannung. “

Regel 10

„Ich sortiere nicht aus dem Schrank heraus aus. “

Die 7 Einordnungsgrundsätze

1. **Freie Arbeitsflächen**: Halte Arbeitsflächen so gut wie möglich frei.

2. **Sortierung nach Regelmäßigkeit der Verwendung**: Oft verwendete Gegenstände kommen nach vorne, wenig verwendete nach hinten bzw. nach ganz oben.

3. **Alle Gegenstände müssen gut erreichbar sein.** Besitzt Du Regale oder Schränke, die weit nach hinten verlaufen (Tiefe) und sind deren Einsätze, Regalböden nicht ausziehbar? Dann raten wir, unbedingt mit **Boxen und Schachteln zu arbeiten**! Achte beim Neukauf von Schränken, insbesondere Küchenschränken, unbedingt auf ausziehbare Elemente, also Schubladen und Schubladen-Einsätze. Gegenstände sollten schnell und praktisch erreichbar sein.

4. **Gegenstände nicht einpferchen (= Leerraum zwischen den Gegenständen lassen)**: Eingepferchte Sachen sind nicht nur unschön anzusehen, sondern auch ebenso mühsam herauszunehmen. Deswegen lasse genügend Abstand zwischen den einzelnen Gegenständen. Dinge müssen leicht zugänglich sein.

5. **Gegenstands-Harmonie**: Die eingeordneten Gegenstände müssen optisch zusammen harmonieren. Du musst Freude verspüren, wenn Du den Schrank oder die Schublade öffnest und die Gegenstände vor Dir liegen siehst.

6. **Kleine Gegenstände in Ordnungshilfen einsortieren**: Sortiere kleine Gegenstände immer in Ordnungshilfen (Boxen, Schachteln, lose Deckel) ein. So bleibt es viel geordneter und die Benutzung bereitet Dir Freude.

7. **Denke beim Einräumen auch noch einmal an Regel 4**: „Eine Gegenstandsgruppe behalte ich immer als eine untrennbare Einheit zusammen."

Die 10 Grundsätze zum Ordnunghalten

1. Jeder Gegenstand hat seinen festen Platz (Regel 5).

2. Nach Benutzung eines Gegenstands lege ich ihn sofort zurück an seinen Platz. Ausnahmen gibt es keine!

3. Ich wertschätze meine Gegenstände. Ich vermittle ihnen Respekt und Freude und bin dankbar, dass sie bei mir sind.

4. Wenn ich einem Gegenstand nicht mehr diese Wertschätzung geben kann, geht er weg.

5. Ich verlasse am Morgen mein Zuhause so, wie ich am Abend wieder von ihm empfangen werden möchte.

6. Wenn ich nach Hause komme, begrüße ich meine Räumlichkeiten liebevoll. Ich hänge meine Jacke auf und versorge meine Schuhe und meine Arbeitskleidung. Dann ziehe ich mir etwas Bequemes, doch Würdevolles an und genieße mein inspirierendes, wohltuendes und schönes Zuhause.

7. Ich kaufe keinen Gegenstand, nur weil er billig ist und ich vermeintlich spare!

8. Vor jedem Kauf überlege ich mir, ob das neue Ding in den Kreis meiner Lieblingsgegenstände passt, bzw. ob dieses überhaupt zu einem Lieblingsgegenstand von mir werden kann.

9. Ich nehme keinen Gegenstand an, nur weil er gratis ist bzw. mir geschenkt wird. Ich nehme ihn nur an, wenn ich spüre, dass er mir langfristig große Freude schenken wird und er gut in den Kreis meiner Lieblingsgegenstände passt.

10. Wenn ich einen neuen Gegenstand in mein Zuhause aufnehme, fliegt dafür ein anderer (der am wenigsten Geliebte) raus.

Checklisten

Zuordnungsmatrix: Bereich > Gegenstandsgruppe > Gegenstand

Betrachte die Zuordnungsmatrix nur **als mögliche Anregung** für Dein eigenes Zuhause und modifiziere diese nach Deinen eigenen Gegebenheiten.

Zuordnungsmatrix: Erwachsene

Gruppe	Bereich	Gegenstandsgruppe	Gegenstand
Alle Räume	Beleuchtung	Deckenleuchten	Lampenschirme, Spot
Alle Räume	Beleuchtung	Stehleuchten	Boden-, Tischleuchten
Alle Räume	Dekoration	Kunst	Bilder, Skulpturen
Alle Räume	Dekoration	Nutzdeko	Aufgestellte Kerzen und Vasen
Digital	Administration	Apps	Apps auf dem Handy oder Applikationen auf dem Rechner
Digital	Administration	Kontakte	Adressbuch
Digital	Administration	Kommunikation	E-Mail, SMS, WhatsApp etc.
Digital	Papierkram	Dokumente	Elektronisch archivierte Dokumente auf dem Rechner oder der Cloud
Digital	Plattformen	Andere Plattformen	Blogs, andere Plattformen
Digital	Plattformen	Soziale Medien, Blogs, News	Facebook, Instagram, LinkedIn, Twitter, Xing, Tinder, News, Blogs
Digital	Unterhaltung	Musik	Auf Festplatte oder Cloud abgespeichert
Digital	Unterhaltung	Videos	Videos auf dem Rechner oder auf der Cloud abgelegt
Digital	Weiterbildung	eBooks	eBooks, z.B. Kindle
Aktionsfläche	Aktionsfläche	Gegenstände für Dritt-personen oder Artikeln, an denen etwas gemacht werden muss	
Entsorgungs-station	Entsorgungsstation	Entsorgungsbehälter die nicht im Hausmüll-Bereich Platz finden	
Papierkram-station 1	Papierkram	Box 1: wichtige Dokumente	Personalausweis, Geburtsurkunde, Fahrzeugausweis, Meldebestätigung

Zuordnungsmatrix: Erwachsene

Gruppe	Bereich	Gegenstandsgruppe	Gegenstand
Papierkram-station 2	Papierkram	Box 2/3: Geräte-Unterlagen	Garantien, evtl. Gebrauchsanweisungen
Papierkram-station 3	Papierkram	Ablagefach 1/2: eingescannte Dokumente	Dokumente mit Aufbewahrungsplicht und mit To-Dos
To-Do-System	To-Do-System	Zettelwirtschaft, Sammlung in Gläschen	
Utensilienbox 1	Haushalt Basics	Bürokram	Briefumschläge, Briefmarken, Stifte, Radiergummi, Tesa
Utensilienbox 2	Haushalt Basics	Haushaltszeug	Schere, Schnur, Klebeband
Utensilienbox 3	Haushalt Basics	Werkzeuge	Hammer, Zange, Schraubenzieher, Nägel
Utensilienbox 4	Haushalt Basics	Elektrozeug	Batterien, Glühbirnen
Utensilienbox 5	Haushalt Basics	Nähzeug	Fäden, Nadeln
Utensilienbox 6	Haushalt Basics	Schuhputzzeug	Schuhcreme, Bürste, Lappen
Utensilienbox 7	Körperpflege	Medikamente	Pillen, Sirupe, Rezepte
Klassisch	Arbeitsbereich	IT-Geräte	Laptop, iPad, Drucker, Router, Bildschirm
Klassisch	Ausruhen	Aktiv	Yogamatte, Fitnessgeräte, Meditationskissen
Klassisch	Ausruhen	Bücher	Sachbücher, Belletristik
Klassisch	Ausruhen	Musik	CDs, Platten
Klassisch	Auto	Kleinkram	Taschentücher, Kaugummis, Kugelschreiber
Klassisch	Auto	Papiere	Bedienungsanweisung, Fahrzeugausweis, Versicherungskarte
Klassisch	Auto	Technische Hilfsmittel	Werkzeuge, Pannenkreuz, Eiskratzer
Klassisch	Bekleidung Frau	Accessoires	Gürtel, Tücher, Schals, Handschuhe
Klassisch	Bekleidung Frau	Business	Anzüge, Kostüme
Klassisch	Bekleidung Frau	Handtaschen	Abend-, Tages- und Freizeittaschen
Klassisch	Bekleidung Frau	Homedress	Wohlfühlkleidung
Klassisch	Bekleidung Frau	Hosen	Jeans, Hosen, Leggings
Klassisch	Bekleidung Frau	Jacken dick	Mäntel, Anoraks, Parkas, Trenchcoats
Klassisch	Bekleidung Frau	Jacken dünn	Blazer, Jäckchen

Zuordnungsmatrix: Erwachsene

Gruppe	Bereich	Gegenstandsgruppe	Gegenstand
Klassisch	Bekleidung Frau	Kleider	Kleider Sommer, Winter
Klassisch	Bekleidung Frau	Kleiderbügel	Hosen- und Kleiderbügel
Klassisch	Bekleidung Frau	Kopfbekleidung	Hüte, Mützen, Caps
Klassisch	Bekleidung Frau	Nachtwäsche	Pyjamas, Nachthemden
Klassisch	Bekleidung Frau	Oberteile kurz	Blusen, Tops, Shirts
Klassisch	Bekleidung Frau	Oberteile lang	Tuniken, Blusen lang
Klassisch	Bekleidung Frau	Oberteile warm	Pullover, Strickjacken
Klassisch	Bekleidung Frau	Partybekleidung	Abend-, Cocktailkleider
Klassisch	Bekleidung Frau	Röcke	Röcke kurz, lang
Klassisch	Bekleidung Frau	Schmuck	Ohrringe, Armreifen, Ringe
Klassisch	Bekleidung Frau	Schuhe	High Heels, Stiefel, Sneakers, Sportschuhe
Klassisch	Bekleidung Frau	Schwimmbekleidung	Bikinis, Strandtücher
Klassisch	Bekleidung Frau	Socken	Dünne, dicke Socken
Klassisch	Bekleidung Frau	Sportbekleidung	Bekleidung, sonstiges
Klassisch	Bekleidung Frau	Strumpfhosen	Strümpfe dünn, dick
Klassisch	Bekleidung Frau	Unterwäsche	BHs, Slips, Unterhemden
Klassisch	Bekleidung Mann	Accessoires	Gürtel, Hemdenknöpfe, Uhren, Tücher, Schals
Klassisch	Bekleidung Mann	Anzüge	Sommer-, Winteranzüge
Klassisch	Bekleidung Mann	Festliche Bekleidung	Smoking
Klassisch	Bekleidung Mann	Hemden	Freizeit- und Businesshemden
Klassisch	Bekleidung Mann	Homedress	Wohlfühlkleidung
Klassisch	Bekleidung Mann	Hosen	Jeans, Stoffhosen
Klassisch	Bekleidung Mann	Jacken dick	Mäntel, Anoraks, Parkas, Trenchcoats
Klassisch	Bekleidung Mann	Jacken dünn	Sakkos, Jeans-, Lederjacken
Klassisch	Bekleidung Mann	Kleiderbügel	Hosen-, Oberteilbügel
Klassisch	Bekleidung Mann	Kopfbedeckung	Hüte, Mützen, Caps

Zuordnungsmatrix: Erwachsene

Gruppe	Bereich	Gegenstandsgruppe	Gegenstand
Klassisch	Bekleidung Mann	Krawatten	Krawatten, Fliegen
Klassisch	Bekleidung Mann	Nachtwäsche	Pyjamas
Klassisch	Bekleidung Mann	Pullover	Strickjacken, Sweatshirts, Kapuzenpullover
Klassisch	Bekleidung Mann	Schuhe	Business, Sneakers, Stiefel, Sportschuhe
Klassisch	Bekleidung Mann	Schwimmbekleidung	Badehosen
Klassisch	Bekleidung Mann	Shirts Freizeit	T-Shirts, Poloshirts
Klassisch	Bekleidung Mann	Socken	Dünne, dicke Socken
Klassisch	Bekleidung Mann	Sportbekleidung	Bekleidung, sonstiges
Klassisch	Bekleidung Mann	Unterwäsche	Unterhosen, Unterhemden
Klassisch	Essen	Aufbewahrung	Tupperware, Trinkflaschen
Klassisch	Essen	Backutensilien	Formen, Teigroller, Waage
Klassisch	Essen	Esswerkzeuge	Geschirr, Besteck, Trinkgefäße
Klassisch	Essen	Getränke	Mineralwasser, Softdrinks, alkoholische Getränke
Klassisch	Essen	Kochbücher	Asiatisch, Italienisch, Backen
Klassisch	Essen	Kochgeräte	Reiskocher, Handmixer, Orangenpresse
Klassisch	Essen	Kochutensilien	Kelle, Sieb, Reibe, Schöpflöffel
Klassisch	Essen	Küchenmesser	Große und kleine Schneidemesser
Klassisch	Essen	Lebensmittel gefroren	Brötchen, Eis, gefrorene Früchte
Klassisch	Essen	Lebensmittel gekühlt	Eier, Milch, Schokolade, Gemüse, Früchte
Klassisch	Essen	Lebensmittel Gewürze	Salz, Pfeffer und Gewürze
Klassisch	Essen	Lebensmittel haltbar	Spaghetti, Pasta Sauce, Nüsse, Mehl, Kaffee
Klassisch	Essen	Lebensmittel Tee	Verschiedene Tees
Klassisch	Essen	Schneidebretter	Holz- und Plastikbretter
Klassisch	Essen	Schüsseln	Große und kleine Schüsseln
Klassisch	Essen	Töpfe und Pfannen	Alle Arten von Töpfen und Pfannen

Zuordnungsmatrix: Erwachsene

Gruppe	Bereich	Gegenstandsgruppe	Gegenstand
Klassisch	Haushaltswaren	Blumenvasen	Versorgte Blumenvasen
Klassisch	Haushaltswaren	Einkaufstüten	Wiederverwendbare Einkaufstüten (Plastik, Papier)
Klassisch	Haushaltswaren	Gedeck	Servietten, Tischsets
Klassisch	Haushaltswaren	Küchentextilien	Topfhandschuhe, Tücher
Klassisch	Haushaltswaren	Verbrauchsartikel	Folien, Backpapier, Müllsäcke, Plastiktütchen
Klassisch	Hobby	Individuell	Individuell
Klassisch	Kleinfahrzeuge	Fahrräder	Alle Fahrräder
Klassisch	Kleinfahrzeuge	Kinderfahrzeuge	Roller, Kinderwagen
Klassisch	Kleinfahrzeuge	Motorräder	Roller, Motorrad groß
Klassisch	Körperpflege	Badezimmer-Ausstattung	Toilettenpapier, Handseife, Klobürste
Klassisch	Körperpflege	Kosmetika und Parfums	Gesichtscreme, Schminksachen, Parfums, After Shaves
Klassisch	Körperpflege	Toilettenartikel	Rasierer, Body Lotion, Shampoo, Zahnbürste, Deo
Klassisch	Musik machen	Instrumente	Individuell
Klassisch	Musik machen	Notenhefter	Notenständer für Musikinstrument
Klassisch	Outdoor	Gartenartikel	Schaufel, Heckenschere, Erde
Klassisch	Outdoor	Grillutensilien	Grill, Kohle, Anzünder
Klassisch	Outdoor	Spiele	Bälle, Kegeln, Schwimmbad
Klassisch	Outdoor	Textilien	Kissen, Bezüge
Klassisch	Reisen und unterwegs	Handtasche Innenleben	Portemonnaie, Schlüssel, Taschentücher, Lippenstifte, Kaugummis ...
Klassisch	Reisen und unterwegs	Handtaschen	Handtaschen zurzeit nicht in Gebrauch
Klassisch	Reisen und unterwegs	Koffer	Reisekoffer
Klassisch	Reisen und unterwegs	Taschen und Rucksäcke	Reisetaschen und Reiserucksäcke
Klassisch	Saisonale Artikel	Fasching	Verkleidung, Schminke

Zuordnungsmatrix: Erwachsene

Gruppe	Bereich	Gegenstandsgruppe	Gegenstand
Klassisch	Saisonale Artikel	Weihnachten	Weihnachtsschmuck, Weihnachtsbaumständer
Klassisch	Schlafen	Bettzeug	Leintücher, Bettbezüge, Kissen, Decken
Klassisch	Schlafen	Schlafbegleitung	Wecker, Ohrenstöpsel, Taschentücher
Klassisch	Sport	Sportutensilien	Fußball, Tischtennisschläger, Boxhandschuhe
Klassisch	Unterhalt	Profiwerkzeuge	Werkzeuge, die über die Basics hinausgehen
Klassisch	Unterhalt	Putzgeräte	Elektrischer Fensterputzer, Staubsauber
Klassisch	Unterhalt	Putzutensilien	Abstaublappen, Putzmittel, Schwämme
Klassisch	Unterhaltung	Computerspiele	Auf Datenträger (nicht online)
Klassisch	Unterhaltung	Fernsehen	TV, DVD-Player, DVDs
Klassisch	Unterhaltung	Gesellschaftsspiele	Schach, Monopoly, Karten
Klassisch	Unterhaltung	Musik	Stereoanlage, Boxen
Klassisch	Unterhaltung	Zeitschriften	Alle Arten von Zeitschriften
Klassisch	Waschen	Frisch gewaschene Wäsche	Einzusortierende Wäsche
Klassisch	Waschen	Handtücher	Frische Handtücher, Badetücher
Klassisch	Waschen	Schmutzwäsche	Wäsche, die gewaschen werden muss
Klassisch	Waschen	Waschutensilien	Waschmittel, Netze, Klammern
Klassisch	Weiterbildung & Arbeit	Bücher und Notizen	Fachbücher, Notizhefter, Notizblätter

Unter:

www.raeum-dich-frei-methode.de kannst Du die Zuordnungsliste als Excel-Datei auf Deinen Rechner herunterladen.

Zuordnungsmatrix: Kinder

Gruppe	Bereich	Gegenstandsgruppe	Gegenstand
Kinder	Bekleidung	Hosen	Shorts, Jeans, lange Hosen
Kinder	Bekleidung	Kleider	Kleider, Röcke
Kinder	Bekleidung	Oberteile	T-Shirts, Shirts, Blusen, Hemden
Kinder	Bekleidung	Oberteile warm	Pullover, Jacken
Kinder	Bekleidung	Pyjamas	Kurz-, Langarm-, Nachthemden
Kinder	Bekleidung	Schuhe	Turnschuhe, Freizeitschuhe, Ballerinas
Kinder	Bekleidung	Sportbekleidung	Hosen, T-Shirts, Spezialsportausrüstung
Kinder	Bekleidung	Unterwäsche	Slips, Unterhemden, Socken, Strumpfhosen
Kinder	Musik	Musik hören	CD-Player, CDs
Kinder	Musik	Musik machen	Instrumente
Kinder	Sammelsurium	Andenken	Schnipsel, Fotos, Briefe
Kinder	Schule und Lernen	Bücher zur Unterhaltung	Bilderbücher, Comics, Geschichten
Kinder	Schule und Lernen	Hefter	Leere oder vollgeschriebene Hefter
Kinder	Schule und Lernen	Lernbücher	Bücher zum privaten Lernen oder aus der Schule
Kinder	Schule und Lernen	Schreibutensilien	Inhalt Federtasche (Etui)
Kinder	Spielsachen	Andere Spielsachen	Autos, Figuren, Telefon, Kleinkram
Kinder	Spielsachen	Gesellschaftsspiele	Karten, Mikado, Würfelspiele
Kinder	Spielsachen	Lego	Feuerwehrstation, Flugzeug
Kinder	Spielsachen	Playmobil	Bauernhof, Krankenhaus
Kinder	Spielsachen	Puppen und Kuscheltiere	Puppen und Kuscheltiere
Kinder	Spielsachen	Spielanlagen	Puppenstube, Verkaufsladen, Küche

Checkliste: Bereich brauche ich oder brauche ich nicht?

Du kannst Dich nicht entscheiden, ob Du einen Bereich oder eine Gegenstandsgruppe eliminieren oder doch lieber behalten und weiter pflegen willst? Stell Dir zur Anregung folgende Fragen:

1. Freue ich mich, wenn ich den Schrank oder die Tür öffne und den Bereich vor mir sehe?

2. Habe ich so richtig Lust, diesen Bereich weiter zu pflegen?

3. Passt dieser Bereich zu meinem Lebensfokus bzw. zu meiner Ausrichtung und unterstützt er die Emotionalen Bedürfnisse, die ich an mein Zuhause habe?

Checkliste: Gegenstand Bleibt oder Geht?

Diese Liste nimmst Du nur zur Unterstützung, wenn Dir die Entscheidung, Gegenstand Bleibt oder Geht, sehr schwerfällt. Also in Ausnahmefällen!

Vorweg: Wenn Du ganz ehrlich bist, bedeutet eine Unsicherheit Geht oder Bleibt eigentlich ein Geht. Denn Zweifel entstehen, wenn Deine Intuition Dich spüren lässt, dass Du den Gegenstand nicht mehr magst, der Verstand jedoch versucht, dagegen zu argumentieren.

Betrachte die Checkliste nicht als klassische Kreuzchen-Liste mit einem klaren „Ja" oder „Nein", sondern als Anregung für Deine Intuition. Entscheide Dich, Du weißt schon: basierend auf Deinem Gefühl!

Tipp der Autoren: Audio-Tool

Fällt Dir die Entscheidung „Bleibt oder Geht", das Weggeben oder das Hören auf Deine Intuition schwer? Dann höre unser Audio-Tool „Loslassen leicht gemacht". Kostenlos zum Download unter: www.raeum-dich-frei.de/audio.

Checkliste: Gegenstand Bleibt oder Geht?

Frage	Ja	Nein
Gibt mir der Gegenstand ein ausschließlich gutes Gefühl (Glücksgefühl)? Bin ich ausschließlich dankbar für den Gegenstand?		Weg damit
Hat der Gegenstand einen besonderen Wert für mich? Gefällt er mir immer noch, obwohl ich ihn schon eine längere Zeit besitze?		Weg damit
Habe ich eine Leidenschaft für den Gegenstand?		Weg damit
Habe ich den Gegenstand mehrfach und benötige ich ihn eigentlich nur einmal?	Weg damit	
Benutze ich den Gegenstand weniger als einmal pro Jahr?	Weg damit	
Macht mich die „Last dieses Besitzes" unglücklich? Spüre ich Gefühle der Langeweile, wenn ich den Gegenstand sehe? Stört mich der Gegenstand in irgendeiner Art und Weise?	Weg damit	
Muss ich den Gegenstand rechtfertigen, bzw. eine Erklärung finden, warum ich ihn doch noch behalten könnte, z.B.: - Er hat viel Geld gekostet. - Vielleicht kann ich ihn irgendwann doch noch gebrauchen. - Er war ein Geschenk. - Es hängen Erinnerungen an diesem Gegenstand.	Weg damit	
Zählt die Geschichte um den Gegenstand herum mehr als der Gegenstand selbst?	Weg damit	
Habe ich vor der Aufräumaktion ganz vergessen, dass ich den Gegenstand besitze? Gute Beispiele sind alte Fotos, Bücher oder Elektrokabel und Gebrauchsanweisungen von Geräten, die ich schon lange wegschmeißen wollte.	Weg damit	
War der Gegenstand ein Fehlkauf?	Weg damit	
Habe ich mir diesen Gegenstand aus Prestigegründen gekauft? Versuche ich mit dem Besitz dieses Gegenstands andere zu beeindrucken bzw. etwas darzustellen, was ich sein möchte, z.B. mit Fachbüchern? Damit wirke ich auf Besucher intellektuell und belesen.	Schleunigst weg damit	
Würde ich den Gegenstand vermissen und wäre ich traurig, wenn er nicht mehr da wäre?		Weg damit

Checkliste: Gegenstand Bleibt oder Geht?

Frage	Ja	Nein
Würde ich den Gegenstand noch einmal kaufen?		Weg damit
Empfinde ich die Arbeit, die mit dem Gegenstand verbunden ist (pflegen, reparieren, verwalten), als zeitraubend, unnötig und lästig?	Weg damit	
Ist dieser Gegenstand noch in meinem Besitz, weil man so etwas hat bzw. man so etwas doch braucht?	Weg damit	
Nervt mich der Gegenstand, wenn ich ihn sehe, hervorholen oder wegräumen muss? Auch auf ganz feine Emotionen achten.	Weg damit	

Beachte:

○ **„Weg damit"** bedeutet nicht zwingend, dass Du den Gegenstand wegwerfen sollst. Nur weil Du die Leidenschaft am Gegenstand verloren hast, bedeutet es nicht, dass er nicht eine andere Person glücklich machen kann!

○ **Achtung** vor falschen „Einredungen" des Verstandes bezüglich Konsumverhalten, Wegwerfgesellschaft und Verschwendung. Tust Du der Umwelt wirklich etwas Gutes, wenn Du den Gegenstand und die dazugehörenden Schuldgefühle bei Dir behältst? **Lieber achtest Du darauf, dass zukünftig nur noch Lieblingsstücke Zugang zu Deinem Lebensraum bekommen.**

○ **Es ist doch beruhigend zu wissen**, dass es nur ganz wenige Ausnahmen von Gegenständen gibt, die Du trotz „Weg damit" aufbewahren musst, z.B. Papiere aus rechtlichen oder steuerlichen Gründen. Doch die meisten, dieser „wichtigen" Papiere kannst Du einscannen und z.B. in der Dropbox aufbewahren.

Sei ehrlich zu Dir selbst! Komm schon, eigentlich weißt Du schon nach der ersten Frage, spätestens aber nach der zweiten Frage, ob es sich um einen für Dich wertvollen Gegenstand handelt, einen Gegenstand, den Du unbedingt im Kreise Deiner guten Gegenstände haben willst, oder ob Du nichts dagegen hättest, wenn er plötzlich verloren ginge ...

Tipp der Autoren:

Gibt Dein Verstand alles und lässt er Dich nicht zu einer Entscheidung kommen? Dann hilft jetzt nur noch dieser Trick:

So tun, als ob der Gegenstand schon weg wäre …
Lege den Gegenstand für eine festgelegte Zeit in ein Depot mit Distanz zu Deinem Wohnraum, z.B. in das Zuhause eines Freundes, einen Banksafe, einen abschließbaren Ort an Deinem Arbeitsplatz oder in einen selten konsultierten Ort in Deinem Keller.
Wichtig: Definiere eine feste Zeitdauer für den Verbleib im Depot. 6–12 Monate haben sich bewährt. Das Datum für die „Entlassung" aus dem Depot setzt Du Dir als Erinnerung in Deinen elektronischen Kalender.
Die Zeit verstreicht. Hast Du den Gegenstand vermisst? Oder warst Du eher erleichtert, dass er nicht in Deinem Zuhause war?

Checkliste: Abfallart und mögliche Entsorgungsbehälter

Abfallart	Gegenstände, die da reingehören	Idee für Behälter
Altglas	Nur Verpackungsglas (Flaschen und Konservengläser), ohne Trinkgläser und Porzellan! *	Große Einkaufstasche (z.B. von IKEA)
Karton und Papier	Bücher, Magazine usw.	Karton, Schachtel
Wertstoffe	Verpackungen, Metalle, Blech, Aluminium, Kunststoffe, Verbundstoffe (hier gehören z.B. auch Töpfe und Pfannen rein)	Große Kiste
Restmüll	Rest	120-Liter-Sack: extra reißfest mit Zuziehband
Besondere Abfälle	Batterien, Elektrogeräte, Lösungsmittel, Farben	Abhängig von der Abfallart: große Einkaufstasche, Kiste
Gemeinnützige Organisationen	Kleidung und Haushaltsgegenstände	Abhängig von der Abfallart: große Einkaufstasche, Kiste

* Trinkgläser, Glasdeckel von Töpfen und Porzellan gehören, der allgemeinen Meinung entgegen, nicht in die Altglassammlung, sondern in den Restmüll, denn Trinkgläser und Porzellan haben eine andere Glaszusammensetzung als Verpackungsglas. Da verschiedene Glasarten bei unterschiedlichen Temperaturen schmelzen, würde eine Zusammenführung der Glassorten zu Problemen beim Recycling führen.

Platz für Deine Erkenntnisse und Notizen

6 Fragen & Hintergrundinformationen

Einstimmung

Warum soll ich die ganze Mühe auf mich nehmen und meine Wohnung aussortieren oder gar neu organisieren?

Kennst Du dieses Gefühl? Du guckst in Deinen vollgepackten Kleiderschrank und hast wiedermal Nichts anzuziehen. Dabei liegt es nicht daran, dass nichts im Schrank wäre. Im Gegenteil. Deinem Gefühl nach ist bloß das Falsche drin. Oder hast Du vielleicht einfach den Überblick verloren?

Wir leben in einer Konsumgesellschaft. Heute kann sich jeder alles leisten. Sei es im Luxusgeschäft oder auf dem Flohmarkt. Das Angebot ist unabhängig vom Geldbeutel riesig und verlockend. Ständig bieten sich Möglichkeiten, irgendwo unbedacht, wenn auch „nur etwas Kleines" einzukaufen. Die Wenigsten stellen sich im Geschäft die Frage: „Beglückt mich dieser Gegenstand auch Zuhause noch? Heute und in 2 Monaten?" Der kurzzeitige Freuden-Kick während des Shoppens ist zur Gewohnheit geworden und hat bei vielen Menschen Sucht-charakter angenommen. Es werden Rechtfertigungen für den Kauf gesucht: „Diese Gläser passen so schön zum Besteck, das wir noch im Schrank stehen haben." **Oder:** „Die Hose war runtergesetzt, da musste ich doch zuschlagen." **Oder:** „Ich habe mir das Kleid gekauft, weil ich mir wieder mal was Gutes tun wollte."

Viele Menschen definieren sich über Äußerlichkeiten und Besitztümer. Jeder Gegenstand steht unbewusst für ein Statement:

„Sowas muss jeder Mann haben."
„Das gehört einfach zu mir."
„Das hatte ich schon immer."

Neue Gegenstände kommen hinzu und alte verschwinden immer weiter nach hinten im Schrank. Bis sie aus den Augen und dem Sinn sind. **So wachsen unsere Schränke. Langsam und unbemerkt.**

Wir besitzen heute also viele Gegenstände, die weit über das Wesentliche hinausgehen. Benutzen oder tragen tun wir jedoch nur unsere Lieblingssachen. Für den morgendlichen Kaffee nehmen wir unsere Lieblingstasse und vor dem Spiegel entscheiden wir uns auch heute wieder für unsere Lieblingskleidungs-stücke. Die Schrankhüter aber horten wir weiter. **Weil:**

1. Wir Erinnerungen an sie geknüpft haben.
2. Wir diese Kleidungsstücke vielleicht irgendwann anziehen könnten: Wenn wir 5 Kilo abgenommen haben, braungebrannt auf den Malediven weilen oder die beste Freundin heiratet!
3. Sie viel Geld gekostet haben.

Diese Stücke nehmen uns aber die Sicht auf unsere Lieblingsstücke und sind deshalb ausschließlich Platz- und Sichträuber! Sie bedeuten Ballast und kosten uns wertvolle mentale Energie. Jedes Mal, wenn wir sie anschauen, kommen kleine, unbewusste Gedankenblitze in uns hoch: „Brauche ich das Teil tat-sächlich noch? Mit welchem Oberteil ziehe ich diesen Rock überhaupt an? Steht mir das Hemd wirklich?"

Höre einmal ganz bewusst auf Deine eigene innere Stimme. Welcher Film läuft bei Dir ab?

Willst Du wirklich weiterhin so viel Energie in diese Gedanken, Stimmen oder Filme setzen?

Könntest Du Deine Energie nicht in bereichernde Gedanken oder Aktivitäten investieren?

Es sind Deine Lieblingsstücke, die Dir Schwung und Elan geben. Sie unter-streichen Deine Attraktivität und lassen Dich vor Freude sprühen.

Sortiere also aus, damit Schränke, Regale und Schubladen und damit Dein Lebensraum zukünftig nur noch Deine Lieblingsstücke beherbergt!

Wieso ist Aussortieren eigentlich gut für meine mentale Gesundheit?

Durch das Wegwerfen von nicht (mehr) geliebten Gebrauchswaren, Kleidungsstücken oder Andenken werden gleichzeitig und ganz unbewusst die mit diesem Gegenstand verbundenen Erinnerungen freigegeben.

Das Aussortieren ist daher eine Art mentales Loslassen und wird deshalb von den Menschen als so befreiend wahrgenommen.

Aufgeräumte Menschen berichten nach der Aussortieraktion ganz erstaunt, dass sie plötzlich neue Energie verspüren und sich ihnen auf wunderbare Weise Wege öffnen, die vorher zugestellt waren. Du siehst also, wenn Dein Zuhause im Fluss ist, fließt unverhofft und überraschend plötzlich auch Deine mentale Energie.

Das Abwerfen des räumlichen Ballasts ist auch ein Abwerfen des mentalen Ballastes. Die räumliche Aufgeräumtheit führt gleichzeitig zur mentalen Ruhe und Ordnung in Seele und Geist und damit zur mentalen Gesundheit.

Wie oft sortiere ich aus? Einmal im Frühjahr, Herbst? Im Sommer oder Winter? Jeden Monat?

Wir können dazu eine einfache Antwort geben. Sortiere dann aus, wenn Du beim Öffnen des Kleiderschranks oder der Küchenschränke keine Freude mehr empfindest. Sobald Du dieses leise Gefühl von Genervtheit, Unzufriedenheit oder Ballast verspürst, ist es an der Zeit, den betroffenen Bereich auszusortieren!

Zukünftig öffnest Du jeden Schrank, jede Schublade und jede Zimmertür ausschließlich mit einem rundum glücklichen, leichten und freien Gefühl.

○ Das Aussortiervorhaben geht mit Deinem **Lebensfokus** bzw. Deiner Ausrichtung einher. Die Aktion erfolgt also nicht willkürlich (weil heute die Sonne scheint, schmeiße ich mal ein paar Töpfe weg), sondern abgestimmt auf das **langfristige Emotionale Bedürfnis an Dein Zuhause.**

○ Du sortierst zwar Dein Zuhause aus, doch ganz **nebenbei bearbeitest Du auch Dein Leben.**

Sind alle in diesem Buch erläuterten Regeln und Vorgehensweisen in Stein gemeißelt?

Gehe pragmatisch vor! Erachte unsere Regeln und abgebildeten Vorgehensweisen als Leitplanken und Unterstützung auf Deinem Weg zum reduzierten und freien Zuhause. Mit unserem Gerüst kümmerst Du Dich **nicht** um das „Wie mache ich es".

Vielmehr konzentrierst Du Dich auf die Essenz:

Nämlich auf die Planung, Vorbereitung und Durchführung Deines Vorhabens!

Benutze Deinen gesunden Menschenverstand und interpretiere unsere kochbuchartigen Vorgehenstipps entsprechend Deinen eigenen Bedürfnissen.

Basis

Warum gehe ich nach Bereichen vor?

Angenommen, Du hast einen Raum, der ursprünglich als Arbeitszimmer angedacht war. Mittlerweile übernachten jedoch öfter Freunde aus dem Ausland in
diesem Zimmer. Und weil der Stauraum im Bad begrenzt ist, haben sich im
ehemaligen Arbeitszimmerschrank (der neben Ordnern und Druckerpapier, auch
Kleiderbügel für die Gäste enthält) auch Toilettenartikel-Vorräte eingenistet.
Unter dem Gästebett liegen Gartenkissen und Wolldecken. Gartenkissen und
eine Menge weitere Toilettenartikel-Vorräte gibt es auch in der Abstellkammer.

Du bist müde und willst ins Bett. Du wackelst ins Badezimmer, um Dir die Zähne
zu putzen. Die Zahnpastatube ist leer. Im Badezimmerschrank findest Du keinen
Ersatz. So tippelst Du in Dein „Krimskramszimmer" = Arbeits-, Gäste- und
Vorrätezimmer. Auch hier keine neue Zahnpastatube. Leicht genervt und die
Unordnung scheuend, unterlässt Du den Gang zur Abstellkammer. Ausnahmsweise putzt Du Deine Zähne nur mit Wasser. „Selbst schuld, blöde Tube",
murmelst Du. „Morgen kaufe ich mir einfach eine Neue!"

Konsequenz: Weil Du Deine Vorräte an verschiedenen Orten lagerst, hast Du
keinen Überblick über Deinen Warenbestand und kaufst Gegenstände doppelt
und dreifach ein. Deine Ungewissheit über den Bestand bzw. Bedarf, verbunden
mit dem Suchen nach Artikeln, führt zu unbewusster Unruhe und Genervtheit.
Was für ein täglicher Energieräuber!

Durch Aussortieren nach Bereich statt Raum, schiebst Du diesem Umstand einen Riegel vor!

Bislang hattest Du Dein Krimskramszimmer isoliert von den anderen Räumen
aussortiert. Sodann wurden auch die Toilettenartikel stets isoliert bearbeitet:
zuerst die Toilettenartikel im Krimskramszimmer, dann die im Bad und
anschließend die restlichen in der Abstellkammer.

E rahnst Du worauf wir hinauswollen? Ganz genau: **Mit Deinem bisherigen Vorgehen hast Du keinen Überblick über die Gesamtheit Deiner Toilettenartikel und entscheidest Dich deswegen immer raumspezifisch und nicht raumübergreifend.**

Tiefgreifendes Aussortieren ist mit dieser Herangehensweise nicht möglich und die Gefahr groß, dass Du alle 3 Vorratsorte getrennt weiter fortführen wirst.

Noch prägnanter fällt dieser Umstand im Bereich „Bekleidung" auf: Angenommen, Deine Kleidungsstücke verteilen sich auf Ankleide, Flur und Keller. Sortierst Du nun Deine Ankleide aus, so bearbeitest Du ausschließlich diesen spezifischen Raum. Jacken, Mäntel und Schals im Flur sowie Winterkleidung und Schuhe im Keller beachtest Du kaum. Diese Stücke schlummern weiter munter vor sich hin. Klar wirst Du zu einem späteren Zeitpunkt auch den Flur und den Keller bearbeiten. Doch wie präsent sind Dir dann noch die Kleidungsstücke in der Ankleide?

Innerhalb des Bereiches „Bekleidung" bearbeitest Du Deine Kleidungsstücke also logisch zusammen, in einem Rutsch. **Das bedeutet: Du sortierst insgesamt effizienter und gesamtheitlicher aus.** Und nicht nur das Aussortieren geht einfacher von der Hand. Nein, auch das Einordnen. Denn meistens bieten sich auf einmal ganz neue und bislang nicht bedachte Möglichkeiten.

Zum Abschluss ein Beispiel aus Danielas Wohnung:
Meine Jacken, Blazer und Tücher hingen vor meiner Bekleidungsaussortieraktion in der Garderobe im Flur. Täglich zog ich den gleichen kleinen Kreis an Blazern und Tüchern an. Ich richte mich nämlich in meiner Ankleide vor dem Spiegel her. Beim Hinausgehen aus der Wohnung schnappte ich mir den erstbesten (gewohnten) Blazer und das erstbeste (gewohnte) Tuch.

Unterschwellig nervte mich diese Situation ziemlich. Ich sah eigentlich in meinem Erscheinungsbild immer gleich aus, während meine tollen Blazer, fein säuberlich aufgereiht, ungetragen im Flur hingen.

Im Rahmen der Aufräumaktion sammelte ich alle meine Kleidungsstücke zusammen: aus dem Keller, aus dem Flur, aus der Wäsche und aus der Ankleide. Ich besaß sehr viele Kleidungsstücke. Zuerst bearbeitete ich Jacken, Blazer und Mäntel. Ein großer Teil dieser wärmenden Oberteile flog weg. Übrig blieben eine kleine, **feine Anzahl an Lieblingsstücken**. Nachdem ich auch die restlichen Gegenstandsgruppen aussortiert hatte, bot sich meiner Ankleide und mir eine wunderbare Leere.

So kam es, dass ich meine Blazer, Sommerjacken und Tücher in der Ankleide ansiedeln konnte. Luftig und locker nebeneinander aufgehängt und wunderschön sortiert nach Farben.

Ein Kleidertraum, aus dem ich mir heute – jeden Tag aufs Neue – direkt in meiner Ankleide und im Zusammenspiel mit dem restlichen Outfit ein geeignetes Oberbekleidungsstück auswählen darf. Und im Flur? Da hängen nur noch Regenjacken und dicke Wintermäntel.

∞

Warum muss ich auch den Keller, den Abstellraum und sogar den Garagenplatz als Raum festhalten?

In diesen Räumen verstecken sich, nicht ganz selten, unerwartete Chancen zur Andersnutzung. Ist auch Dein Keller, Dachboden, Abstellraum oder etwa Deine Garage müllhaldenhaft vollgestopft mit unbenutzten Gegenständen? Hauche Deinen ehemaligen „Lagerräumen" Leben ein: Entrümpele Deine Kammern und Gemächer. Gestalte diese um oder lasse den neugewonnenen Raum schlicht leer? Als Ort der Ruhe? Unkonventionell einfach. **Alles ist möglich. Wir müssen uns nur erlauben, über das „Normale" hinaus zu denken.**

Hierzu ein Beispiel, wie eine kleine Dachkammer zum Arbeitszimmer mit inspirativer Ruhe wurde. Ich (Axel) wohne in einer großen 1,5-Zimmer-Dachgeschosswohung. Meine „Suite" ist im Kreis herum gebaut. Luftige Vorhänge trennen Küche, Essen, Wohnen und Schlafen in verschiedene Bereiche. Zur Wohnung dazu gehört eine Ankleidekammer mit Dachschrägen und eine noch kleinere Dach-Gerümpel-Kammer.

Mein dominanter Bildschirm hat mich, trotz der Vorhänge, immer sehr gestört. Er thronte nämlich links auf meinem Esstisch. Der Bildschirm ist für meine Arbeit essenziell. Ich habe mir schon die verrücktesten Varianten überlegt, wie ich meinen Bildschirm während des Nichtgebrauchs verschwinden lassen könnte. In den Boden versinken lassen? An einem Seil hinter den Dachbalken hochziehen? Mittels eines Vorhangs verdecken? Keine der Möglichkeiten stimmte mich wirklich glücklich.

Bis mich eines Tages ein „Intuitions-Blitz" fragte: „Was ist eigentlich mit dem Dachboden? Wofür brauche ich diesen überhaupt?" In nächster Sekunde war mir klar, wofür der Dachboden gedacht war. Nicht für den uralten Krempel, auch nicht für die vielleicht noch zum Einsatz kommenden Möbel und ebenfalls nicht als Müllhalde für alte Einkaufstüten. Nein, er war nur für die eine Sache prädestiniert: nämlich als sachgerechte Platzierung meines Bildschirms. Und damit meine ich nicht, dass meine Dachkammer zu einem Arbeitszimmer im klassischen Sinne werden sollte. Nein! Nur ein Ort für meinen Bildschirm, ein Tisch, ein Stuhl und mich. Ansonsten sollte der Raum komplett leer sein. Denn ich brauche Leere, um mich zu inspirieren.

Ich entmüllte also meine kleine Kammer, strich die Wände und den Boden weiß und zauberte aus dem Nichts mein perfektes „Arbeitszimmer" herbei. Ich muss dazu sagen, dass es sich wirklich um einen sehr winzigen Raum handelt. Infolge der Dachschrägen kann ich nicht senkrecht im Raum stehen und muss gebückt zu meinem Schreibtisch buckeln. Mein Geheimraum ist von außen quasi nicht wahrnehmbar, denn er ist getarnt durch einen Spiegel, der an der winzigen Eingangstür hängt. Der Raum ist also quasi undercover in meiner Wohnung. Naja, jetzt nicht mehr ganz undercover, denn nun weißt Du ja davon ...

Kommen wir aus Axel's Geheimraum zurück in die Realität. Dein Abstellzimmer, Keller oder Dachboden muss nicht zwingend seine ursprüngliche Nutzung als Lagerfläche verlieren. Überhaupt nicht. **Nutze Deinen Speicher in seiner angedachten Funktion weiter.** Nur nicht als Gerümpelkammer, sondern als Raum, den Du sehr gerne betrittst. Schließlich ist auch dieser Bereich ein Teil Deines Zuhauses.

Planung

Warum ist es so wichtig, dass ich mich mit dem Sinn meines Zuhauses auseinandersetze, meinen Wunsch visualisiere und gar einen Plan erstelle? Ich kann doch einfach die Sachen wegwerfen, die mir nicht mehr gefallen?

Schaue Dir dazu bitte die Skizze auf Seite 44 an.

Einfach mal wegwerfen, was nicht mehr gefällt, bedeutet oberflächliches Aufräumen. Die offensichtlichsten Brandherde wirst Du dadurch allemal los.

Doch was ist mit den leisen, vor sich hin schlummernden, nicht so offensichtlichen, dafür unterschwelligen Quellen der Unzufriedenheit? Die unliebsamen Gegenstände werden Dich weiter stören. Nicht bewusst. Aber unbewusst.

Mit „konzeptlosem, an der Oberfläche kratzendem" Aussortieren wirst Du auf lange Sicht nicht vollständig glücklich sein.

Um grundlegend und auf lange Sicht befriedigend auszusortieren, brauchst Du deshalb ein Ziel und eine Stoßrichtung, die Dich darauf zuführt.

Wie nutze ich einen Raum für komplett unterschiedliche Bereiche? Zum Beispiel Fitness & Arbeiten oder Schlafen & Arbeiten?

Frage einer Leserin: „Schon lange möchte mir eine Fitnessmaschine kaufen. Nur leider finde ich in meiner Wohnung keinen geeigneten Platz für dieses Sportgerät. Deshalb überlege ich, die Fitnessmaschine in mein Arbeitszimmer zu stellen. **Doch irgendwie finde ich das unpassend**, denn wenn ich ganz ehrlich bin, würde ich den Raum am liebsten ausschließlich als Fitnesscenter nutzen.

Für die Fitnessmaschine und daneben eine fest installierte Gymnastikmatte. Was für eine tolle Vorstellung! Mein eigenes Fitnesscenter bei mir Zuhause.

Doch wo kommt mein Schreibtisch hin?

„Hmmhh, bleibt mir wohl nichts anderes übrig, als beide Bereiche im gleichen Raum zu behalten ...“

Komm weg von diesen typischen Abwägungen des Verstandes. Höre ganz auf Dein Herz. Du möchtest diesen Raum als Fitnesszimmer nutzen? 2 solch unterschiedliche Themen in einem Raum (Mischzimmer) führen, wenn nicht clever geplant, zur thematischen Unordnung im Raum und damit auch im Kopf: Führst Du nämlich im Bereich A die Aktivität A aus, so ist auch Bereich B und Aktivität B automatisch und unbewusst mit dabei und damit verlierst Du Deine Fokussierung auf Aktivität A.

Beispiel: Wenn Du im Fitnessbereich (A) Deine Kraftübungen ausführst und währenddessen Deinen Computer (B) anschaust, dann bist Du gleichzeitig mit dem Kopf bei Deiner Arbeit (B). Doch eigentlich willst Du doch während des Sports (A) abschalten und Dich vollständig auf Deinen Körper fokussieren? Oder wie war das schon wieder? Keine Bange. Trotzdem gibt es Möglichkeiten, wie Du die beiden unterschiedlichen Bereiche (A und B) in einem Raum vereinen kannst. Auf Seite 193 hast Du in Axels Beispiel die Variante „Trennvorhang“ kennengelernt. Alternativ stellst Du eine Trennwand oder einen schönen Paravent zwischen die 2 Bereiche? Computerarbeitsplätze werden übrigens auch immer öfter in Schränken versteckt. Du öffnest also den Schrank und voilà, da stehen Computer, Bildschirm, Drucker, Ordner und andere Arbeitsgeräte. Auf Seite 123 sind wir ausführlich auf dieses Thema eingegangen.

Und wer auf sehr hohem Fuß lebt, kann sogar doppelstöckig bauen. **Traue Dich, kreativ zu sein! Lass alle Ideen und Gedanken zu. Es gibt nichts, was es nicht gibt!**

Vorbereitung

Wie sortiere ich schneller und gründlicher aus? Alleine oder mit Freunden oder Mitgliedern der Familie?

Eine Dich unterstützende Person kann Dir Arbeit im Hintergrund abnehmen, aber nicht die Entscheidung, Gegenstand Bleibt oder Geht.

Das Kümmern um Deine Lieblingsgegenstände ist Chefsache und kann nicht delegiert werden. Denn wie soll eine Zweitperson spüren, welche Gegenstände Dir Freude bereiten und Du im Kreise Deiner guten Sachen haben willst?

Häufig sind Freunde oder Familienangehörige als Aussortierhilfen sogar hinderlich. So schüren sie Begründungen und Erinnerungen: „Weißt Du noch, als Du dieses rote Kleid getragen hast?" Oder: „Ich würde diese Hose noch behalten. Die hast Du doch von Oma bekommen ..." Überlege Dir bei der Auswahl einer unterstützenden Person sehr gut, ob die Person Dich wirklich neutral unterstützen mag und kann oder ob diese Dich gar eher behindert und zurückhält?

Die perfekte Aussortierhilfe unterstützt Dich ganz unauffällig als gute Fee im Hintergrund, indem sie ausgewählte Gegenstände zwischenlagert, Dir Kisten reicht, die Müllsäcke hinausträgt oder die Entsorgung übernimmt.

Durchführung

Was mache ich mit Gegenständen, die in keine Gegenstandsgruppe passen?

Für gewisse Bereiche definierst Du eine Gegenstandsgruppe „Sonstiges". Dein gesunder Menschenverstand weiß, wann so eine Gruppe sinnvoll ist.

In der „Sonstiges"-Gegenstandsgruppe platzierst Du alle Gegenstände, die in keine andere Gruppe passen. Widerstehe aus Bequemlichkeitsgründen der Versuchung, alle Gegenstände in die Gruppe „Sonstiges" hineinzupacken.

∞

Ist es nicht etwas übertrieben, alle Gegenstände des jeweiligen Bereichs einzusammeln und auf einen Haufen zu legen. Geht das nicht einfacher?

Verständlicherweise hat die Vorstellung, alle meine gleichartigen Besitztümer einsammeln und auf einem mega Haufen stapeln zu müssen, etwas ziemlich Abschreckendes!

Befürchten wir den gewaltigen Aussortier-Aufwand? Scheuen wir uns vor dem Anblick unseres Krempels, alles auf einem Haufen? Oder erwarten wir, dass wir danach tagelang mit Einordnen beschäftigt sind?

Wir haben die Methode des „alles Einsammelns" wiederum von der Japanischen Ordnungsqueen Marie Kondo abgeguckt. Und selbst wir haben das Vorgehen beim ersten Kennenlernen nicht nur infrage gestellt, sondern wir geben es zu, auch etwas belächelt.

Doch mittlerweile sind wir ganz anderer Meinung! **Wir sind der festen Überzeugung, dass genau diese Vorgehensweise ein wichtiger Schlüssel zum erfolgreichen Aussortieren ist!**

Was passiert, wenn wir nicht alles auf einen Haufen legen?

Wir sortieren oberflächlich aus. Hier etwas wegwerfen und dort etwas aussondern. Unbewusst wissen wir aber ganz genau, dass wir das Problem nicht an der Wurzel anfassen. **Diese Kenntnis macht uns unzufrieden und kann sogar in ein Gefühl von Überforderung übergehen:** „So viel Kram! Hört das denn nie auf? Diese Sachen erschlagen mich ja regelrecht!

In dem Schrank da drüben könnte es auch noch weitere gleichartige Gegenstände geben. Den muss ich danach auch noch durchschauen.

Warum habe ich mir das alles bloß angetan? Jetzt kann ich nicht mehr zurück. Ich wünschte, ich wäre endlich fertig. Das schaffe ich ja nie!"

Das Überforderungsgefühl entsteht, wenn Du:

1. Planlos oder ziellos vorgehst und deshalb reagierst statt agierst.
2. Gleichartige Gegenstände an verschiedenen Orten verstreut gelagert hast und in einer Art Spagat versuchst, diese Gegenstände an den jeweiligen Orten (anstatt gemeinsam an einem zentralen Ort) auszusortieren.

Mach es Dir einfach und lass den Spagat bleiben! Sammle alle Gegenstände des gleichnamigen Bereiches bzw. der gleichnamigen Gegenstandsgruppe ein. Begutachte und vergleiche diese im Überblick und sortiere sie dann in einem Rutsch aus.

Denn nur im direkten Vergleich gelingt es Dir, die wirklichen Perlen herauszuschälen!

Zur handfesten Manifestierung dieser Thematik lese doch unser Beispiel auf Seite 189.

Kleidungsstücke und andere Gegenstände sind auch Erinnerungen an bestimmte Ereignisse: Erstes Date, Urlaub, Abiturfeier, Verlobung etc. Wie trenne ich mich von unpopulären Gegenständen, an denen ich noch mit meinen Erinnerungen hänge?

Die Frage trifft des Übels Kern! Der Schlüssel beim Trennen, beim Loslassen (wie wir das nennen) sind die an die Gegenstände geknüpften Erinnerungen. Das Wegwerfen eines Gegenstands ist gleichzeitig auch ein Loslassen von Erinnerungen und Emotionen.

Der Gegenstand hat Dich vielleicht ein halbes Leben lang begleitet.

Verabschiede Dich also mit gebührender Wertschätzung von Deinem, nun nicht mehr so guten Stück.

Ein achtsames und ehrliches „Danke" beim Weggeben bewirkt Wunder!

Viele Menschen haben Mühe mit dem Loslassen. Bereite Dich deswegen bereits vor dem Aussortieren mental auf das Loslassen vor. Erlaube Dir ganz bewusst, diejenigen Gegenstände weggeben zu dürfen, die Dir nicht mehr guttun.

Was ist denn mit Gegenständen, deren Anwesenheit mich ziemlich nervt, die ich aber aus rationalen Gründen nicht wegwerfen darf? Zum Beispiel Steuerunterlagen, Putzeimer oder Staubsauger?

Du musst einen unliebsamen Gegenstand aus rechtlicher oder funktional notwendiger Sicht behalten? **So gehst Du vor:**

a. Ersetze den unliebsamen Gegenstand durch einen neuen, liebsamen Gegenstand:
Ich (Daniela) hatte früher einen hässlichen blauen Putzeimer. Ich mochte weder seinen Anblick noch seine Anwesenheit. Irgendwann warf ich ihn einfach weg und war fortan „eimerlos". Kurz darauf stieß ich per Zufall auf einen wunderschönen rosafarbenen Putzeimer. Ein Schmuckstück in meinem Putzschrank! Der Clou dabei: Ich freue mich jedes Mal, wenn ich ihn benutzen (sprich putzen) darf!

Auch das Ersetzen von unliebsamen, rechtlichen Unterlagen ist möglich: Steuerunterlagen in Ordnern ersetzt Du durch Steuerunterlagen auf der Cloud (siehe dazu Seite 154).

b. Wandle den unliebsamen Gegenstand in einen liebsamen Gegenstand um. Mittels mentaler Umprogrammierung schlägst Du Deinem Unterbewusstsein nämlich ein Schnippchen und wandelst das unliebsame Gefühl für einen Gegenstand in ein liebsames Gefühl um.

Du transferierst den unliebsamen Gegenstand also in ein Lieblingsstück! Führe diese Umwandlung nur mit wenigen Gegenständen durch, also mit solchen, die Du wirklich benötigst. **So geht es:**

Nimm den unliebsamen Gegenstand in Deine Hand und führe ihn an Dein Herz. Handelt es sich um einen großen oder schweren Gegenstand, so setzt Du Dich zu diesem Gegenstand hin und umarmst ihn. Schließe Deine Augen. Stelle eine Verbindung zum Gegenstand her, indem Du laut oder leise mit ihm sprichst. Lass uns als Beispiel einen unliebsamen Staubsauger nehmen.

Sag zu diesem unliebsamen Staubsauger:
„Lieber Staubsauger. Ich schätze Dich sehr, weil Du immer gründlich und zuverlässig saugst, weil Du einen großen Staubsack hast und weil Du so robust gebaut bist. Doch ich bin ehrlich: Deine rote Farbe gefällt mir überhaupt nicht und es nervt mich auch, dass Du immer im Weg herumstehst, wenn ich den Putzschrank öffnen will. Dafür kannst Du ja eigentlich nichts. Ich weiß, Du leistest trotz meiner Unzufriedenheit immer Dein Bestes! Allein schon deswegen mag ich Dich ja eigentlich. Und damit Du sogar zu meinem Lieblingsstück wirst, stelle ich mir nun vor, wie Du Dich in einen wunderschönen Staubsauger verwandelst. Wie Dein rotes Kleid einen glänzenden Touch bekommt und wie Du dadurch sehr edel wirkst. Du siehst richtig hübsch aus darin und ich mag Dich gerne anschauen. Ich habe ja jetzt viele Gegenstände entsorgt und nun kriegst Du sogar einen gut zugänglichen, doch ruhigen Ehrenplatz in meiner Abstellkammer. Na, was sagst Du dazu? Du bist glücklich! Schön, ich bin es auch! Ich freue mich sehr auf unsere neue Zusammenarbeit!"

Hast Du etwas zu verlieren, wenn Du Dich auf das Experiment einlässt? Nein? Klingt wie Hokuspokus für Dich? Los, probier es einfach aus.

Wie gehe ich vor, wenn ich mich wirklich nicht entscheiden kann, ob mir die Kaffeekanne guttut oder nicht?

Lege die Kaffeekanne auf das Parkplatz-Tuch und fahre mit dem Aussortieren von weiteren Gegenständen fort. Hast Du diese restlichen Gegenstände bearbeitet, kehre zum Parkplatz und damit zur Kaffeekanne zurück. Nimm die Kaffeekanne in Deine Hand. Schließe die Augen. Spüre in Dich hinein. Handle gemäß der Checkliste 5.3, Gegenstand Bleibt oder Geht?, auf Seite 181.

Sei ehrlich zu Dir selbst und höre auf Dein – Du weißt schon – Gefühl!

Es gibt unliebsame Gegenstände, die ich nicht einfach aussortieren kann. Ich habe sie geschenkt bekommen. Wie gehe ich damit um?

Annahme: Du hast Deiner Cousine Anne eine Vase zum Geburtstag geschenkt. Obwohl Anne sich höflich für das Geschenk bedankte, gefällt ihr die Vase nicht. Anne besitzt bereits eine schöne Auswahl an Lieblingsvasen. Deine Vase hingegen steht unbenutzt und ungeliebt in Annes Vasenkommode.

Wenn Anne ihre Kommode öffnet und Deine Vase inmitten ihrer Lieblingsvasen stehen sieht, läuft bei ihr der gleiche unbewusste Film ab: „Diese Vase ist so hässlich. Die nimmt hier viel zu viel Platz ein und stört auch die Harmonie meiner Lieblingsvasen. Doch ich kann sie nicht wegschmeißen. Die hat mir meine Cousine geschenkt. Sie hat bestimmt viel gekostet und meine Cousine hat sie ganz sicher sehr sorgfältig ausgewählt. Was, wenn meine Cousine nach der Vase fragt und merkt, dass ich sie nicht mehr habe? Wie peinlich! Doch andererseits ist es ja auch ganz schön anmaßend von meiner Cousine, dass ich wegen ihr diese blöde Vase behalten muss! Was hat sie sich eigentlich dabei gedacht, mir dieses hässliche Ding aufzudrücken?"

So verbleibt die Vase Jahr für Jahr in Annes Kommode. Und jedes Mal, wenn Anne eine ihrer Lieblingsvasen aus der Kommode herausnimmt, ärgert sie sich über Deine Vase. Und indirekt ärgert sie sich sogar über Dich.

Du ahnst, worauf wir hinaus möchten? War es Deine Absicht, dass Anne sich jedes Mal ärgern muss, wenn sie Deine Vase sieht? Und welche Option ist Dir als Schenkende/r sympathischer:

Alternative 1:
Weil Anne nicht möchte, dass Du den Verlust der Vase bemerkst, bleibt diese weiterhin als unbeliebter Gegenstand in Annes Kommode stehen.

Alternative 2:
Anne verkauft die Vase online. Von dem Erlös kauft Anne die Kristallschüssel, die sie sich schon so lange wünscht. Der neue Besitzer der Vase erfreut sich täglich an seiner neuen schönen Vase.

Wir tippen auf Alternative 2!

Du magst jetzt sagen: „Ja, das stimmt in meinem Fall als Schenkende. Ich möchte ja nicht, dass jemand mit einem von mir geschenkten, unliebsamen Gegenstand leben muss. Meine Freundin Bea hingegen wäre total gekränkt, wenn ‚ihre' Uhr in meinem Wohnzimmer fehlen würde."

Sagst Du damit, dass Bea sich mit gutem Gewissen für die Alternative 1 entscheiden würde? Dass Bea Dir diese innere Disharmonie, ihres eigenen Stolzes willen, zumuten würde? Ist das überhaupt eine befruchtende Freundschaft? Eine Freundschaft, die die Wünsche des anderen achtet und respektiert? Ist das eine Freundschaft die Dir wirklich guttut?

 Ab jetzt will ich nur noch, was mir richtig guttut und einen wahren Wert für mich hat!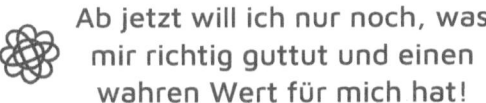

Diese Designer-Jacke steht mir nicht. Aber ich kann sie nicht weggeben. Sie hat so viel gekostet.

Du ahnst was jetzt kommt, nicht?

Lies Dir folgende Aussagen durch:
○ Immer wenn ich die Jacke trage, fühle ich mich unbeschreiblich gut!
○ Ich könnte die Jacke jeden Tag anziehen, ich liebe sie einfach!
○ Die Jacke hängt als außergewöhnliches Kunstwandobjekt im Wohn- zimmer. Und dafür liebe ich sie!
○ Wenn mir die Jacke heute gestohlen würde, wäre ich sehr traurig.

Kannst Du mindestens einer der Aussagen zustimmen? Behalte die Jacke.

Warum redet Ihr immer von Ankleide? Die meisten Menschen besitzen doch Kleiderschränke.

Wir möchten Dich motivieren vom Schrank weg, hin zur Ankleide zu gelangen. Freistehende Kleiderschränke sind große Ungetüme. Sie verunstalten einen Raum und verlocken zum wilden Reinpacken, Tür zu machen und Vergessen.

Ankleiden hingegen geben viel von ihrem Inhalt preis und laden Dich ein, Deine Kleidungsstücke **luftig und ordentlich einzusortieren**. Selbst IKEA hat reagiert und bietet nun ganz vielseitige Ankleidesysteme an.

Ist es nicht besser, gewisse ungeliebte Gegenstände für den Fall der Fälle zu behalten? Was passiert, wenn ich genau den Gegenstand, den ich weggeworfen habe, danach endlich brauche?

Dann kriegen wir Ärger! Nein, Spaß beiseite.

Dieses Risiko musst Du eingehen. Angenommen, Du wirfst 100 Gegenstände weg. Wie viele von diesen Gegenständen würdest Du danach tatsächlich vermissen? Keinen oder einen? Das ist ein verschwindend kleiner Anteil, findest Du nicht? **Wäge selbst ab, was ist Dir lieber?**

- ○ Den ganzen Ballast (100 Gegenstände) für „Falls" zu behalten?
- ○ Das Risiko eingehen und alles weggeben?

∞

Was ist die Essenz der RÄUM DICH FREI Methode?

Trau Dich:
- ○ Das Negative loszulassen
- ○ Das Positive zu würdigen
  und dankbar dafür zu sein

Trau Dich, Deinem
Gefühl zu vertrauen.

**Verändere ab sofort Deine Wahrnehmung!
Wir sind gewohnt, den Fokus auf das
Negative zu legen:**

Die kriminellen Ausländer, die unmögliche Politik, die nervenden Kollegen, die störenden Nachbarn, der Idiot auf der Straße, das schlechte Essen, die teuren Preise, den Lärm, die Müdigkeit, der Grund, warum ich nicht Laufen gehen kann etc. ...

Verändere Deinen Fokus und schwenke von den negativen auf die positiven und guten Dinge in Deinem Leben!

Erfreue Dich an Deinen Lieblingssachen! Sei dankbar für jeden Deiner Gegenstände. Es ist nicht selbstverständlich, dass Du genau dieses Objekt besitzt und dass jener Gegenstand Dich sogar noch glücklich macht. Schätze ihn wert! Jedes Mal, wenn Du ihn siehst!

 **Sei aber auch dankbar für jeden guten Menschen
in Deinem Leben. Erfreue Dich an dieser Person.
Von ganzem Herzen! Auch dieser Mensch ist nicht
selbstverständlich.**

Und schließlich: Erfreue Dich an jedem auch noch so kleinen guten Moment. Reflektiere Deinen Tag. Selbst an einem hundsmiserablen Tag gibt es mindestens eine kleine Szene, die schön, gut oder bereichernd war.

Lass den Ärger links liegen und suche genau diese gute Szene heraus:
Die Sonnenstrahlen nach dem Regen, der nette Gruß der Kassiererin, das Lächeln der Kollegin, der Kaffee, der erstaunlich gut schmeckte, der leckere Keks, das Musikstück, die motivierende E-Mail, der schöne Spaziergang nach dem Essen und die frische Luft auf dem Balkon.

Zukünftig Ordnung halten

Wiederhole ich die Aussortieraktion?

Wir sagen, je mehr Du den neu gewonnenen Freiraum schätzt und Dir Dein neues Einkaufs- und Ordnungsverhalten in Fleisch und Blut übergangen ist, desto mehr spürst Du das Bedürfnis, noch mehr zu reduzieren. 100 % Lieblingsgegenstände ist das Ziel! Vertraue Deinem Gefühl!

Sieh Dir dazu auch gerne auf Seite 187 die Frage „Wie oft sortiere ich aus?" an.

Ein Umzug steht an. Wie packe ich die Boxen?

Um diese Frage zu beantworten, gehen wir einen Schritt zurück, denn die wesentliche Frage ist nicht, wie packe ich, sondern was packe ich? Die meisten Menschen nehmen den Umzug als Chance wahr, um Unnötiges wegzuwerfen. Zumindest haben sie den Vorsatz dafür. **Aber entledigen sie sich dem Unnötigen wirklich in dem Ausmaß, in dem es optimal bzw. „heilsam" wäre?**

Wir werfen zwar weg, doch die innere Stimme meldet sich schnell wieder: „Ach pack doch dieses Kleid ein, vielleicht trägst Du es ja am neuen Ort noch einmal."

Oder: „Ich nehme das einfach mal mit, wegwerfen kann ich ja im neuen Haus immer noch." Hand aufs Herz: Ist das Kleid erstmals in die Umzugskisten gepackt, wie groß ist die Wahrscheinlichkeit, dass Du es am neuen Ort wirklich wegwirfst?

Zugegeben, es ist anstrengend im Kistenpacken-Stress zu entscheiden: „Will ich den Gegenstand noch oder doch nicht?" Viel schneller und schmerzloser geht es, den Gegenstand erst einmal in den Karton zu packen und dann am neuen Ort zu entscheiden ...

Damit dieses **Aufschieben sich bei Dir gar nicht erst einschleicht und Du nur mitnimmst, was Dir guttut** und **was Du im neuen Zuhause mit gutem Gefühl aus den Kisten zauberst**, stellen wir Dir gleich 2 Pack-Methoden vor.

Vorerst jedoch folgende Einschub-Frage an Dich:

Hast Du den Plan für Dein neues Zuhause schon erstellt? Du weißt schon, das Emotionale Bedürfnis an Dein neues Zuhause definiert, die Bereiche festgelegt und auf dem Grundriss eingezeichnet und die Gegenstandsgruppen grob skizziert?

Mach das unbedingt. Du wirst sehr dankbar dafür sein, denn das Einordnen wird Dir mittels dieses Gerüsts erstaunlich schnell und leicht fallen.

Nun zu den Pack-Methoden:

1. Pack-Methode: aufwendiger für sicherheitsbedachte Menschen

Vor dem Kistenpacken führst Du die 5 Aussortieraktions-Schritte durch: **Einsammeln, Vorselektion, Vorselektion würdigen, Nachselektion, Abschluss.** Danach **ordnest** Du nicht in Schränke sondern **direkt in die Umzugskisten ein.** Packe die Kisten so, dass Gegenstandsgruppen bzw. Bereiche zusammenbleiben. Auf Deine Umzugskartons schreibst Du den Bereich und die Gegenstandsgruppe (nicht wie bei früheren Umzügen den Raum).

2. Pack-Methode: schnell, schmerzlos, MAGIC > Empfehlen wir!

Ich, Daniela, behaupte, mit dieser Magic-Methode packe ich meine 4,5-Zimmer-wohnung inkl. Keller in 4 Stunden in Kisten (ohne Demontage von Beleuchtung und Möbeln)! Wobei ich davon 1–2 Stunden für die Unterstützung meines Sohnes investieren würde. Ich hätte also mein Schlafzimmer, meine Ankleide, meinen Ruheraum, mein Wohnzimmer, meine Küche, meine Abstellkammer, meine Wäschekammer und den Keller in maximum 3 Stunden vollständig und fein säuberlich geordnet nach Bereichen/Gegenstandsgruppen gepackt. Und wir leben nicht spartanisch! Ganz und gar nicht. Früher hätte ich dafür Tage bzw. Wochen gebraucht.

Ist doch ein beruhigendes Gefühl zu wissen, dass es so schnell gehen kann. Und so geht's:

Fokussiere Dich auf den ersten Bereich bzw. die erste Gegenstandsgruppe. Gehe nun durch Deine **Schränke** und **Regale**. Picke nur für diesen Bereich bzw. für diese Gegenstandsgruppe Deine **Lieblingsgegenstände** heraus und packe diese sogleich in die **Umzugskisten**.

 Die ungeliebten Gegenstände bleiben im Schrank bzw. im Regal stehen!

Hast Du alle Lieblingstücke eingepackt, schließt Du die Boxen und stellst diese in den Eingangsbereich bzw. ins Treppenhaus. Nun demontierst Du alle **Lieblings-leuchten** und **Lieblingsschränke** und stellst auch diese Möbelstücke zu den um-zuziehenden Boxen. **Damit sind Deine Lieblingsstücke gepackt!**

Zum Abschluss sammelst Du noch alle übrig gebliebenen Inhalte aus Schränken, Schubladen und Regalen ein. Dann demontierst Du die ungeliebten Decken-leuchten und Möbelstücke. Schmeiß diese Gegenstände in die restlichen Umzugskisten oder Entsorgungsbehälter. Diese Kisten gehen zum Wiederverkauf bzw. Recyclinghof.

Beide Pack-Methoden bringen essenzielle Vorteile mit sich:

a. Du nimmst nur mit, was Dir wirklich Freude bereitet. Was für eine **Erleichterung** im wahrsten Sinne des Wortes!

b. Du hast bereits alle Gegenstände nach Bereich und Gegenstandsgruppe sortiert. Das Einordnen am neuen Ort geht einfach und schnell.

c. In Deinem neuen Zuhause hast Du die Chance, „auf der grünen Wiese" Deine Gegenstände so einzusortieren, wie sie thematisch am besten zusammenpassen. Dadurch verteilen sich Bereiche bzw. Gegenstandsgruppen nicht auf unterschiedliche Räume.

In Deinem neuen Zuhause wird Dir das Einordnen und das zukünftige Aufräumen leichtfallen und Spaß machen!

Dialog mit dem inneren Schweinehund

„Ich würde doch so gerne Aussortieren, aber ich habe ein Baby, ein Kleinkind und arbeite nebenbei ...

... Ich finde in meinem derzeitigen Alltag keinen komplett freien Tag, an dem ich meine Wohnung bearbeiten könnte. Es gibt nicht einmal 2 Stunden am Stück, an denen ich sicher nicht gestört werde."

Wie wichtig ist Dir Dein Aussortiervorhaben bzw. die daraus resultierende Reduktion auf das Essenzielle? Welchen Stellenwert hat Leichtigkeit und Freiheit im Wohnen und in Deinem Leben wirklich?

Zeichne auf einer Skala von 1–10 die Wichtigkeit für Dein Aussortiervorhaben ein: „1" bedeutet sehr unwichtig, „10" bedeutet sehr wichtig. Zeichne direkt in den Strahl auf der nächsten Seite ein oder noch besser:

male einen neuen und fetten Strahl auf ein separates Blatt Papier.

Und nun zeichne bitte auf dem gleichen Strahl die Wichtigkeit von anderen Freizeitaktivitäten ein. Wir führen hier ein paar Beispiele von möglichen und sehr beliebten Freizeittätigkeiten auf:

Wichtigkeitsstrahl

1 ——————————————————————————————————— 10

- ○ Facebook
- ○ Instagram
- ○ Twitter
- ○ LinkedIn
- ○ Xing
- ○ Blogs lesen oder selbst führen
- ○ WhatsApp-Nachrichten checken, lesen, beantworten
- ○ Grundsätzlich im Internet surfen
- ○ Mit der besten Freundin lästern
- ○ Fernsehen
- ○ Sport
- ○ Gartenarbeiten
- ○ Shoppen
- ○ Mit Kumpels 1, 2 oder mehr Bier trinken
- ○ Treppenhausklatsch mit der Nachbarin
- ○ Kriegsnachrichten, Mord-/Totschlag-Headlines in der Zeitung lesen
- ○ Mit anderen jungen Müttern über Baby, Windeln & Co. quatschen
- ○ Zeitschriften durchblättern
- ○ Diskussionen über Politik führen
- ○ Motorradtour
- ○ Im Café herumsitzen
- ○ Ausschlafen
- ○ Musikhören
- ○ Tanzen

○ Baden
○ Dösen
○ Rumhängen
○ Beklagen
○ etc.

Nun schau Dir bitte Deinen Strahl an. Welche der eingetragenen Beschäftigungen gibt Dir **etwas wirklich Erfüllendes zurück? Welche Tätigkeit beflügelt bzw. befreit Dich und macht Dich so richtig glücklich?**

So glücklich, dass Du die ganze Welt umarmen könntest? Welche Handlung verleiht Dir so viel Energie, dass Du damit Berge versetzen kannst? **Welche Aktivität lässt Dich nach der Arbeit tiefenentspannen, loslassen und alles um Dich herum vergessen?**

Ein Abend mit den richtigen Kumpels ist dann und wann sehr bereichernd. Eine Stunde Sport oder Gartenarbeit verleiht Erholung und Energie.

Ob Du jedoch beim Fernsehen, beim Reinziehen von Kriegsnachrichten oder gar beim Verfolgen des Ägypten-Urlaubs einer Bekannten über Facebook wirklich Deine Erfüllung findest, bezweifeln wir an dieser Stelle sehr! **Ebenso fraglich ist es, ob Dir Blogs lesen, Lästern, Rumhängen oder Dösen nicht eher Energie entziehen, statt Dir Energie zu verleihen?**

Öffne Deine Wahrnehmung. Achte eine Woche darauf, wie viel Deiner wertvollen Zeit Du in welche Beschäftigungen investierst. Notiere Dir die Resultate und Erkenntnisse. Du wirst überrascht sein!

Unterteile Deine Aktivitäten in:
1. Zum Zeitvertreib + seichter Unterhaltung
   > ersatzlos streichen!

2. Zur Bereicherung + Inspiration
   > umpriorisieren bzw. kürzen

Einschub für Mütter:
Viele Mütter verplempern ihre kostbare Zeit mit Tätigkeiten wie:

○ Jedem Kind seine Extra-Wünsche erfüllen
○ Die Kinder zur Schule bringen und auch wieder abholen
○ Den 5-jährigen Sohn oder die 6-jährigen Tochter zum Spielplatz in der
   gleichen Straße begleiten und den ganzen Nachmittag dort „überwachen"
○ Jeden Sonntag das Gefühl haben, einen langen Ausflug machen zu müssen
○ Freiwillige Arbeiten in der Schule annehmen wie Kekse backen etc.

Vollziehst Du diese Beschäftigungen aus einem schlechten Gewissen heraus?
Redest Du Dir ein oder lässt Du Dir von der Gesellschaft einreden, dass Du eine
schlechte Mutter bist, wenn Du es nicht tätest?

Versetze Dich bitte in Deine eigene Kindheit zurück. Hat Deine Mutter all das
gemacht? Oder eher nicht? War sie deswegen eine schlechte Mutter und hast
Du demzufolge einen Schaden erlitten?

Nein? Dann lass dieses unnötige Betüddeln (wie man in Hamburg für „Bemut-
tern" sagt) bleiben! Und zwar mit bestem Gewissen! Du bist dazu nicht
verpflichtet! Du tust es freiwillig! Und Du bist Deinen Kindern die beste Mutter,
wenn Du Dir selbst gut Sorge trägst. Wenn Du energievoll, ausgeglichen und
glücklich bist! Nur dann geht es auch Deinen Kindern wirklich gut.

Nun aber zurück zu Deinem Aussortiervorhaben: Auf welcher Position des
Strahls hast Du dieses platziert? Auf Position 1, 10 oder mittendrin?

1. Verschenke das Buch
2. Lege das Buch auf die Seite und hoffe, dass Dein(e) Partner(in)
   es findet und das Aussortiervorhaben für Euch beide umsetzt.
3. Lege das Buch auf die Seite und hole es irgendwann wieder
   einmal hervor, wenn Du dafür wirklich „ready" bist.
4. Lohnt es sich, Dich selbst zu motivieren?

Du weißt worauf wir hinauswollen?
Wenn Dein Aufräumvorhaben wirklich eine hohe Priorität genießt, dann gibt es
unzählige Möglichkeiten, es umzusetzen!

Erinnerst Du Dich noch, als Du so richtig verliebt warst?
Arbeitstechnisch hattest Du gerade unheimlich viel zu tun und auch privat
standen wichtige Termine an. Eigentlich hattest Du keine einzige Minute frei!
Dachtest Du. Doch da war Deine innere Kraft, die Wichtigkeit, diese Person
unbedingt sehen zu wollen! Und sei es auch nur für 2 Stunden.

So schaufelst Du Dir also mit viel Elan und Motivation Deine Zeit frei.

Du hast reduziert, priorisiert, delegiert und gewisse Dinge schneller erledigt. Und
siehe da, plötzlich hattest Du nicht nur 2, sondern sogar 5 freie Stunden! Und es
war überhaupt kein Problem, diese Zeit freizuschaufeln. Es ging nämlich wie von
selbst, weil Du unbedingt wolltest! Weil Du die Prioritäten so gesetzt hattest,
dass Deine neue potenzielle Liebe den Platz bekam, der ihr zustand.

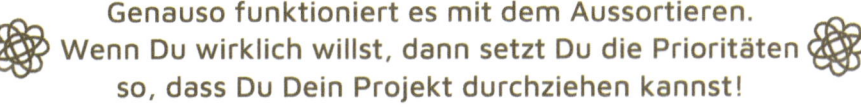

**Genauso funktioniert es mit dem Aussortieren.
Wenn Du wirklich willst, dann setzt Du die Prioritäten
so, dass Du Dein Projekt durchziehen kannst!**

Hier ein paar Anregungen, wie Du Dir nebst Umpriorisieren, Kürzen und Delegieren Zeit freischaufeln könntest:

1. Steh um 4 Uhr morgens auf. Das reicht nicht? Dann steh halt um 3 Uhr
   auf. Bäcker können das auch.
2. Mach 2 Nächte durch. Nicht zum Partymachen. Nein, zum Ausmisten!
3. Nimm Dir 1 Woche Urlaub.

**Denk einfach daran. Wenn Du etwas wirklich willst, dann gibt es immer
Möglichkeiten.**

Ich habe richtig Lust, mich von allem Unnötigen zu befreien. Doch meine Partnerin findet die Aufräumaktionen sinnlos und sträubt sich dagegen. Wie gehe ich vor? Was mache ich mit unseren gemeinsamen Sachen?

Besprich in einer ruhigen Minute das Thema. Erkläre ihr Deinen Wunsch und sucht gemeinsam eine Lösung. Eine Kompromiss-Möglichkeit wäre das Aufteilen der Wohnung in Zuständigkeitsbereiche: in Räume oder natürlich noch besser: in Bereiche.

Deine Partnerin hat die Zuständigkeit für das Schlafzimmer, das Bad und das Wohnzimmer und Du für die Küche, das Arbeitszimmer und den Abstellraum. Innerhalb dieser Zuständigkeiten entscheidet der Zuständige über die eigenen und über die gemeinsamen Gegenstände. Handelt es sich um Gegenstände des Partners, muss der Zuständige diese Gegenstände, zwecks Sichtung durch den anderen Partner, auf die Seite legen.

Deine Partnerin ist also für die Räume Schlafzimmer, Bad und Wohnzimmer zuständig. Sie findet die Aufräumaktion unnütz und belässt alle 3 Räume im ursprünglichen Zustand. Im Wohnzimmer befinden sich Deine persönlichen Bücher und im Bad Deine eigenen Toilettenartikel. Über deren Geht oder Bleibt entscheidest Du selbst.

Du wirst sehen, wenn Du erstmal Deine Zuständigkeitsbereiche bearbeitet hast, also die Küche, das Arbeitszimmer und die Abstellkammer, wird auch Deine Partnerin Gefallen an der neuen Leichtigkeit finden. **Denn Aussortieren wirkt ansteckend! Und die Reduktion auf das Wesentliche verleiht Flügel!**

Anmerkung: Zwinge niemandem das Thema Aussortieren auf, ansonsten verliert es seine Leichtigkeit und damit auch die Essenz seiner Sache. Es nimmt dann eine Schwere an. Aussortieren tust Du aus Freude, Spaß und Erleichterung und nicht als aufgezwungene Arbeit.

Sträubt sich Deine Partnerin grundsätzlich gegen das Aussortieren, also ist sie nicht einmal bereit, Zuständigkeitsbereiche zu definieren, dann musst Du Dir

Deinen eigenen Ort der Ruhe schaffen. Einen Bereich innerhalb Eures Zuhauses, dem Du Deine gewünschte Leichtigkeit und Ruhe verleihen kannst und in den Du Dich jederzeit zurückziehen kannst. Das kann auch nur ein kleiner, abgegrenzter Bereich innerhalb eines gemeinsamen Raums sein.

Stell Dir an dieser Stelle jedoch grundsätzlich die Frage, ob Du überhaupt in einer gleichwertigen und stets befruchtenden Beziehung lebst, wenn Dein(e) Partner(in) ohne Entgegenkommen stur auf seinen/ihren Bedürfnissen beharrt?

Ich würde ja gerne Aufräumen, doch ich habe zu wenig Platz, um meine Wohn-Wünsche zu verwirklichen.

Sei kreativ. Alles, was Du als gesetzt annimmst, ist in Wirklichkeit jederzeit modellierbar. Nicht weil Du es schon immer so hattest, muss es auch zukünftig noch so sein.

Rege Deine Fantasie an:
1. Geh zu IKEA und lass Dich davon inspirieren, was auf kleinstem Raum alles möglich ist.
2. Du willst eine Modelleisenbahn oder eine Infrarot-Sauna? Vielleicht kaufst Du Dir ein großes Hochbett zum Schlafen und baust Deine Modelleisenbahn oder Deine Ankleide darunter?
3. Die Besenkammer wird zum Spielzimmer oder zum Trampolinraum der Kinder.
4. Esstisch und Sofa werden zu Eins kombiniert.
5. Jedes Kind hätte gerne sein eigenes Zimmer? Trenne das vorhandene Zimmer in der Mitte mit einem Vorhang oder einem Schrank.
6. Brauchst Du das Gäste-WC wirklich? Oder könntest Du dort auch Dein Arbeitszimmer einbauen?
7. Warum muss der TV im Wohnzimmer stehen? Kann er nicht auch in die Garage? Und willst Du überhaupt weiterhin Deine wertvolle Zeit an dieses Gerät verschwenden?
8. Der Fitnessraum auf dem Dachboden. Wer sagt, dass das nicht geht?
9. Die Sauna auf dem Balkon. Wieso nicht?

Geh einen Schritt zurück auf die grüne Wiese. Plane Deine Räume neu. Und jetzt bereicherst Du diese neuen Räume ausschließlich mit Deinen Lieblingsgegenständen. Spürst Du die Freiheit? Die Leichtigkeit?

Kann man tatsächlich Spaß am Aufräumen bekommen?

Ja, das kann man. Das lebendige Beispiel bin ich (Daniela): Ich bin nämlich ganz und gar nicht als „Marie Kondo" auf die Welt gekommen. Bis vor Kurzem empfand ich Aufräumen sogar als sehr anstrengend. Frag meinen Sohn oder meinen Lebenspartner und Co-Autor dieses Buches. Allein schon die Vorstellung, dass ich den Geschirrspüler ausräumen oder Wäsche aufhängen muss, hat meinen Tag mühselig erscheinen lassen. Ständig hatte ich diese Gedanken: „Ich muss ja noch die Wäsche aufhängen. Und Putzen ist auch schon lange wieder fällig." Zu meinem Sohn sagte ich: „Nimm nicht für jeden Schluck Wasser ein neues Glas, sonst muss ich die Geschirrspülmaschine schon wieder laufen lassen." Was natürlich vielmehr bedeutete, dass ich sie danach wieder hätte ausräumen müssen.

Du kannst Dir bestimmt vorstellen, zu welch enormer Energieverschwendung das „Muss", dieses „Daran-Denken" und das „Vor-Mir-Herschieben" führte. Ich habe diesem Kleinkram viel zu viel Wichtigkeit gegeben. Im negativen Sinne!

Heute gehen solche Arbeiten wie von selbst. Ich nehme sie kaum noch wahr. Beziehungsweise ich nehme sie wahr, aber nicht als „Muss", sondern als Lieblingsbeschäftigung.

Ich freue mich nämlich richtig, wenn ich ein Kleidungsstück zurück in meine Ankleide legen darf. Ordentlich zusammengelegt natürlich. Es ist so eine Freude, weil ich das Teil inmitten meiner anderen wunderschönen Lieblingsstücke „anrichten" darf. Was für ein Glücksgefühl, wenn ich die Schublade später öffne und mich lauter ordentlich zusammengelegte Kleidungsstücke anlächeln und nur darauf warten, bald angezogen zu werden.

Der Clou daran: Obwohl ich nur wenige Designer Klamotten besitze, sehen meine Kleidungsstücke schick und stilvoll aus, und dementsprechend fühle ich mich auch!

∞

Ich war noch nie gut im Aufräumen.

Wieso willst Du denn nicht endlich gut werden?

∞

Weshalb ist es denn so hinderlich, in Erinnerungen zu schwelgen? Das bin doch ich? Und ich bin ja kein Roboter.

Weil Du durch Schwelgen in Erinnerungen Deinen Fokus im Alten belässt, während neue Chancen unbemerkt an Dir vorbeiziehen ...

∞

Ich habe so viele Ideen, wie ich meine Räume reduzieren könnte. Aber ich fühle Widerstände, wenn ich an die damit verbundenen Aufwände denke (Möbel rücken, Entsorgung etc.)

Viele Menschen vergeben die wunderbare Chance auf ihr neues und leichtes Leben, weil sie den unangenehmen Arbeiten zu viel Beachtung schenken bzw. sich davon abschrecken lassen. Du erinnerst Dich: Verschiebe Deinen Fokus vom Negativen zum Positiven.

Hältst Du Dich außerdem auf pragmatische Art an unseren vorgestellten Ablauf, dann ergibt sich der Entsorgungsteil wie von selbst. Wahrscheinlich wirst Du danach darüber lachen. Alternativ lass die zu entsorgenden Gegenstände einfach abholen. **Delegiere den Job an**:

1. Freunde, die das gerne machen
2. Die Entsorgung in der Stadt
3. Entrümpler oder Allrounder. Gucke online nach einem Entrümpler oder schalte selbst eine Anzeige

Philosophische Fragen

Beeinflusst das Thema Aufräumen, nebst dem mentalen Aspekt auch noch andere Themen im Leben?

Je schlanker und mehr auf das Wesentliche reduziert Du leben wirst, desto leichter werden Dir einfache Alltagsaufgaben fallen. Doch auch Deine Gedanken werden ruhiger. Eventuelles Grübeln oder das Gefühl, nicht durchblicken zu können, wird sich reduzieren. Du wirst auch mehr Zeit für Dich haben.

Bedeutet eigentlich „minimalistisch", „puristisch" oder auf das „Wesentliche reduziert leben" kühl leben?

Wir müssen gestehen, auch für uns stand vor nicht mal so langer Zeit „minimalistisch" oder gar „puristisch" für unterkühlt und leer. Für typische Architekten-Wohnungen halt, die nur auf herausragende Architektur und Design, nicht aber auf Wohnlichkeit achten. Wir wollen uns doch zu Hause fühlen. Wohnen. Wärme und Herzlichkeit um uns haben.

Mittlerweile wissen wir, dass das eine nichts mit dem anderen zu tun hat. Du kannst total reduziert, aber trotzdem warm und wohnlich leben. Mittlerweile gefällt uns sogar das Wort „puristisch" sehr gut. Es enthält das Wort „pur". Also alles Pure – ohne Schnickschnack.

Das Pure ist das, was uns wirklich guttut.

Ist das Thema „Minimalistisches Wohnen" nicht nur ein Thema für Singles und gut organisierte, berufstätige, reflektierte Paare? Was ist denn mit Familien? So etwas kann eine Familie doch nur bedingt umsetzen?

Was Hänschen nicht lernt, lernt Hans nimmermehr. Die Kinder schauen von Erwachsenen ab.

Es liegt also an Dir, Deinen Kindern bereits jetzt den Spaß am „aufgeräumten" Leben zu vermitteln bzw. das als „das Normale" zu sehen.

Und gerade für Familien ist es ein sehr wichtiges Thema, weil genau diese Themen wie Aufräumen, Haushaltsarbeiten usw. schon in vielen Ehen zu Krisen geführt haben.

Für Kinder ist es wichtig zu erleben, dass es „OK" ist, ungebrauchte Sachen wegzugeben. Insbesondere Mütter mit mehreren Kindern behalten so viel für das nächste Kind auf. Für „Falls". Oder auch als Erinnerung. Warum brauchst Du Babykleider als Anreger für Erinnerungen? **Und wäre es nicht ehrlicher, Dich einfach im Heute an Deinem Kind zu erfreuen?**

Sind Ordnungsfreaks nicht einfach penible Fanatiker?

Aussortieren und Ordnen bis in den Exzess zu betreiben, ist genauso eine Sucht wie alle anderen Aktivitäten, die mit einer unnatürlichen Obsession betrieben werden. Das gesunde Maß muss stimmen! Was das gesunde Maß ist, weißt nur Du selbst!

Auch hier verweisen wir zum Abschluss wiederum auf Regel 6: Vertraue Deinem Gefühl!

7 Ausleitung

Zukünftig über den Tellerrand schauen

Du spürst, das Thema Aufräumen Deines Zuhauses hat bereits Kreise in Richtung Aufräumen Deines Lebens gezogen. Themen wie Achtsamkeit, Fokussierung und Sinnhaftigkeit wurden berührt und mögen sich noch weiter in Dir entfalten. Lasse hierzu alle Arten von **Geistesblitzen, Intuitionsschüben, Gedanken und Gefühlen** zu.

Zum Abschluss dieses Buches bekommst Du von uns 9 goldfarbene Zettelchen, eingerollt mit einem glitzernden Geschenkband.

Du entrollst Zettelchen um Zettelchen. Und liest:

○ Welche Eigenschaften kann ich loslassen?
○ Welche Menschen kann ich loslassen?
○ Welche Aktivitäten will ich nicht weiter ausführen?
○ Welche Themen nehme ich aus meinem Fokus?
○ Welchen Gedanken entziehe ich die Wichtigkeit?
○ Welche Verhaltensweisen lege ich ab?

○ Auf welche Themen will ich stattdessen meinen Fokus legen?
○ Welche Projekte und Ideen möchte ich gedeihen lassen?
○ Welchen Menschen möchte ich mehr Raum und Aufmerksamkeit schenken?

Mit diesen Fragen im Kopf und sicher schon,
mit der einen oder anderen Antwort im Herzen
verabschieden wir uns von Dir.

Danke, dass wir Dich begleiten durften.
Alles Liebe und Gute wünschen Dir

Manuela & Abel

Downloads und Unterstützung

Download des Audio-Tools „Loslassen leicht gemacht" unter: www.raeum-dich-frei.de/audio.

Download der RÄUM DICH FREI Abläufe auf einen Blick (Kapitel 5.1) und Zuordnungsmatrix (Kapitel 5.3) auf www.raeum-dich-frei-methode.de.

Ist noch etwas unklar oder hast Du Anregungen für uns? Wir freuen uns auf Deine Nachricht an: best@raeum-dich-frei-methode.de.

Online-Verkaufsplattformen

Verkauf von Secondhandartikeln online*:

Alle Gegenstände	(A, D, CH):	www.ebay.de/.at/.ch
Alle Gegenstände	(A, D, CH):	www.ebay-kleinanzeigen.de
Alle Gegenstände	(CH):	www.ricardo.ch
Bekleidung	(D)	www.kleiderkreisel.de
Bekleidung	(A, D, CH):	www.remixshop.com
Bekleidung (Kinder)	(D)	www.mamikreisel.de
Bücher, CDs, DVDs, Games	(D)	www.booklooker.de
Bücher, CDs, DVDs, Games	(D)	www.weltbild-marktplatz.de
Bücher, CDs, DVDs, Games	(D)	www.jokers-buecherboerse.de

Unser Favorit ist momox!

Bücher, CDs, DVDs, Games	(A, D, CH):	www.momox.de/.at
Bekleidung	(A, D, CH):	www.momox-fashion.de/.at

Mehr zu momox auf den folgenden Seiten:

* Mittels App auf dem Smartphone funktioniert der Verkauf noch schneller!

Empfehlungen für Ordnungshilfen

IKEA
Der perfekte Partner für eine aufgeräumte Wohnung
www.ikea.de/.at/.ch

Treaclemoon
Ein Frische-Traum zum Reinigen und Energetisieren unseres Zuhauses! Die Treaclemoon Körpersprays „Soft Watermint Rain" und „Exotic Lychee Sorbet"
www.treaclemoon.de

Dropbox
Für die digitale Datenablage auf der Cloud
www.dropbox.com

Scanbot
Mit Scanbot archivierst Du mühseliges Abheften in die Vergangenheit
www.scanbot.io   Seiten 117, 147, 154–157

Empfehlungen für unsere wertvollsten Alltagshelfer

Im Buch sind wir auf unsere essenziellen Alltagshelfer eingegangen. Gerne geben wir Dir hier deren Koordinaten weiter. **Es widerspricht jedoch unserer Philosophie, Dich zum Konsum zu animieren.** Bitte überlege Dir ganz genau und für eine längere Zeit, ob das angepeilte Gerät wirklich auf lange Sicht Dein Leben bereichert. Knüpfe den Kauf eines evtl. Alltagshelfers an die Erreichung eines wichtigen Ziels. z.B. der Beendigung des gesamten Aufräumvorhabens.

Fussel-Roller bzw. Fussel-Rasierer
Paku Paku Multi-Use Etiquette Fussel-Roller, Marske Elektrischer Fussel-Rasierer bzw. OXO Good Grips FurLifter Selbstreinigende Kleiderbürste
www.amazon.de   Seite 67, 82

Robbi der Wisch- und Saugroboter von iLife V5s Pro
Unser wertvollster Haushaltshelfer. Daniela würde Robbi nie mehr hergeben! Vertrieb in Deutschland über haushaltsrobotic
www.haushalts-robotic.de   Seite 82

Textilfarbe
Tolle Farben für neue Lieblingsstücke erhältlich online oder im Drogeriemarkt
z.B. www.simplicol.de   Seite 128

Platz für Deine Erkenntnisse und Notizen

Platz für Deine Erkenntnisse und Notizen

Platz für Deine Erkenntnisse und Notizen

Platz für Deine Erkenntnisse und Notizen

Bist Du schon freigeräumt? Oder brauchst Du noch mehr Unterstützung?

Wir begleiten Dich durch Deinen ganz persönlichen Freiräumprozess in unserem **Online Intensivtraining.** Täglich, wöchentlich, über mehrere Monate. Du trainierst Dein neues Freiräum- und Konsumverhalten, welches sich so noch mehr in Deinem Leben verankert. Es wird zu Deiner neuen Gewohnheit.

www.raeum-dich-frei-methode.de/webinar